🔊 音声ダウンロードのしかた

STEP 1 音声ダウンロード用サイトにアクセス！

① QR コードを読み取ってアクセス。

② https://www.jresearch.co.jp/book/b643827.html を入力してアクセス。

③ J リサーチ出版のホームページ（https://www.jresearch. co.jp/）にアクセスして、「キーワード」に書籍名を入れて検索。

STEP 2 ページ内にある「音声ダウンロード」ボタンをクリック！

STEP 3 ユーザー名「1001」、パスワード「26158」を入力！

STEP 4 音声の利用方法は 2 通り！

学習スタイルに合わせた方法でお聴きください！

❶「音声ファイル一括ダウンロード」より、ファイルをダウンロードして聴く。

❷ ▶ボタンを押して、その場で再生して聴く。

※ダウンロードした音声ファイルは、パソコン・スマートフォンなどでお聴きいただくことができます。一括ダウンロードの音声ファイルは .zip 形式で圧縮してあります。解凍してご利用ください。ファイルの解凍が上手く出来ない場合は、直接の音声再生も可能です。

音声ダウンロードについてのお問合せ先

toiawase@jresearch.co.jp（受付時間：平日 9 時〜 18 時）

出国から帰国までOK！

音声ダウンロード付

世界中使える
瞬時に話せる
旅行英会話

定番
715
フレーズ

大特訓

英語がみるみる話せる和英作文トレーニング

柴山かつの
Shibayama Katsuno

Jリサーチ出版

はじめに 旅行英会話を学び、世界を広げてもらいたい

　私は長年、英語の講師をしていて、旅行英会話の本を誕生させるのが夢でした。旅行が大好きで今までに、27回の海外旅行歴があり21か国、14の言語圏を英語を使って旅しました。

　英語学習者の皆さんには海外旅行英会話を通して、楽しく英語学習を続けてほしいのです。

　旅行の楽しみは綺麗な景色を見られること、美味しい物を食べられること、自分のお買い物や素敵なお土産を変えること、などさまざまですね。**何よりも楽しいのは海外の人とのコミュニケーションです。**私が英会話初心者だったころ道に迷って困っていた時に May I help you? と見知らぬ人に声をかけてもらって案内してもらったことを思い出すと、顔がほころび嬉しくなります。ニューヨークで1日英語バスツアーに参加したことも楽しかったな～、ほしかった限定版の時計を購入できたことも嬉しかったな～。現地スーパーでのお買い物もワクワクしました。

　レストランでは、量が多すぎるので半分にしてほしいってなんていうんだろう？　服屋さんや靴屋さんで話しかけられドキドキしたこと、こんな時に英語が話せればな～と思いました。

　失敗談も沢山あります。100ml を超える化粧水をセキュリティチェックで捨てざるを得なかったこと、カメラをレストランに忘れたこと、間違ったバスに乗ってしまって乗り換えのバスの本数が少なく目的地に着くのが大変だったこと、電車を降りたら、カバンの中からお財布がなくなっていたことなど。また困ったことは、ホテルでお風呂のお湯が出なかったこと、ナゼなの？　宿泊客が一斉にお風呂を使用すると起こりえることなのです。テレビもエアコンも作動しなかったこと、部屋がうるさすぎた過ぎたこと etc.

　搭乗する予定の飛行機が遅れたため、別便のビジネスクラスにアップデートしてもらったときは、やはりビックリでした。

　海外旅行で色んな人と話すと英語をもっと勉強したいと思う気持ちになります。

　私の長年の英語講師歴を振り返ってみると英検3級程度でも、旅行英会話を上手に話せる人がいます。これは**旅行英会話は中3修了 level 英語力があり、正しい勉強法で学べば話せるようになる**ことの証明です。

　その反面、「会社で英語プレゼンはできるけれど海外出張中のレストランでの会

話は苦手」

　と言う会社員の生徒さん、「時事問題等のスピーチはできるけれど旅行英会話ではリスニング力が弱く相手が何を言っているのか聞き取れない、必要なフレーズがとっさに出てこない」と言う生徒さん。

ナゼ、リスニング力が弱いのでしょう。ナゼ、リズミカルに適切な英語が出てこないのでしょうか?

　本書で短いフレーズを効率的に覚えましょう。シンプルなフレーズなのでスキマ時間でも覚えられますよ。短いフレーズをたくさん覚えると自信をもって話せるようになるだけでなく、リスニング力も伸びるのです。(また、第1章に入る前に発音トレーニングも行います。

　ここで誤解してほしくないのは、私は単に丸暗記を奨めているのではいるのではなく、**理解して覚えることを奨めています。**そのために本書は左に日本語、右に英語の見開きページにしています。そして単なるフレーズ集でなく、旅行者とネイテイブのミニ会話になっています。右ページ上に、「旅行英会話のカギ」を、そして各フレーズの下にミニ解説を付けています。

　さあ、皆さん、旅行英会話の練習をして世界を広げましょう。飛行機に乗ったら本書で学んだ場面に遭遇しますので、英語で話して世界を広げましょう。

　本書は見出しも探しやすくなっていますし、必要な旅行英会話を網羅しています。海外旅行まで時間のない人はサッとひいて活用できます。それも有効な本書の利用方法です。

　また第8章では時代を反映し、**海外ミニホームステイツアー**の人気が出てきていますのでホームステイに必要なミニ会話を掲載しました。また**ビジネス出張旅行**でもお家に招待されることが増えてきましたので、パーティや雑談でも必要なミニ会話を掲載しております。

　英会話ができると世界のどこへでも旅ができます。そして異なる文化圏の人とも出会い自分の可能性がひろがります。視野が広がり小さなことにくよくよしなくなります。
　本書が皆さんの世界を広げる本になってくれることを心から願います。

　本書がこの世に産声を上げるのに丁寧にネイテイブチェックしてくださったPaul Dorey 先生に心から感謝申し上げます。そして本書で旅行英会話を学習してくださる皆さん、心からありがとうございます。

　本書が末永く皆さんに愛され続けますように。

著者　柴山かつの

CONTENTS

第**7**章 トラブル編 ⋯⋯⋯⋯⋯205

第**8**章 ホームステイ & スモールトーク編 ⋯⋯⋯⋯225

旅行を
100倍楽しくするための
英会話の心得

心得 ①	## 毎日の生活の中に英会話を取り入れよう

　毎日10分ずつでも音読し暗記する事が大切です。毎日3フレーズずつ暗記すれば1ヵ月で90フレーズも暗記できます。パーフェクトなフレーズを暗記すると自信をもって話せるようになります。1フレーズで何通りにも自由自在に応用できるフレーズもあります。

　趣味と思って暗記暗唱しましょう。スキマ時間を活用して通勤、通学電車の中で短いフレーズを暗記暗唱することも大切です。

心得 ②	## 発音とリスニング力を五感を使って伸ばそう

　発音を楽しみながら音声に合わせて練習しましょう。そうすれば、リスニング力も伸びます。聞く！　書く！　口に出して覚える！　と、五感を使って身に付けましょう。

　好きな歌なら何回もハミングして練習しますね。旅行英会話もこれと同じです。歌を何回も練習すれば心をこめて歌えるようになるように、旅行英会話フレーズも何度も練習すれば心をこめて話せるようになります。

心得 ③	## 楽しい場面を思い浮かべ、 頭を英語モードにしましょう

　海外旅行先で英語で買い物している姿や、素敵なレストランで食事をしたり、いろいろな場所を観光したりしている姿を思い浮かべながら、会話文のフレーズの暗記を楽しみましょう。

　また、日本国内で買い物、食事するときなども頭の中を英語モードで状況描写し、楽しみながら学びましょう。

「世界中使える旅行英会話 大特訓」
の
練習法

各UNITとも左ページに「日本語訳」、右ページに「英語フレーズ」が7つずつ並んでいます。次の STEP に従って練習しましょう。

STEP ①	日本語ページにある英語表現のキーワードを参考にしながら、まずはゆっくりと自力で日本語に合った英語を言ってみましょう。そして、音声を使って答え合わせをして、英語を音読しましょう。とにかく音読が大事です！ きちんと声に出して言ってみましょう。
STEP ②	日本語を目隠しシートで隠し、英語フレーズを見ながら音声を聞いてみましょう。文字を目で追いながら注意深く聞いてください。次に英語フレーズを見ずに音声を聞いてみましょう。文字はどうだったか思い出しながら、聞いてみてください。
STEP ③	英語フレーズを目隠しシートで隠し、日本語を見て英語フレーズを言ってみましょう。まずは、日本語ページにある英語表現のキーワードを参考にしながらで大丈夫。忘れていたら、無理をせずに英語フレーズを確認してください。
STEP ④	音声を使いながら、日本語フレーズを聞いて自分で英語フレーズを言ってみる練習をしましょう。日本語のあとに発話練習のためのポーズがあります。慣れてきたら、音声だけを使って繰り返し練習しましょう。

本書の使い方

本書は「第1章　まずはこれだけ編」から始まります。場所や時間を聞きたい、英語が聞き取れなかった、自分の紹介をしたい…など、旅行先で絶対遭遇するシーンで使えるフレーズをそろえたので、まずはここから練習してください。第2章以降はシーン別にUNITが構成されています。

UNITのテーマです。フレーズはこのテーマに合ったものが集められています。

（3≡ は自分フレーズを表しています。

≡⟨）は相手フレーズを表しています。

英語にすべき日本語です。
▶は「英語フレーズのヒントワード」です。

ダイアローグのシーン見出しです。サッと調べたいときに便利です。

UNIT 04 時間を尋ねる①

繰り返し学習Check! ▶ □□□□□
1 2 3 4 5

飛行機の離陸時刻は?
（3≡　飛行機は何時に離陸しますか?
▶ What time ~?

午後2時50分に離陸します。
▶ It takes off ~.

列車の出発時刻は?
（3≡　次の列車は何時に出発しますか?
▶ What time ~?

午後5時15分です。こちらが時刻表です。
▶ At ~.

ツアーの始まる時刻は?
（3≡　次のツアーは何時に始まりますか?
▶ What time ~?

午後4時30分です。こちらがスケジュールです。
▶ It starts ~.

美術館の開館時刻は?
（3≡　何時にヨーロッパ美術館は開館しますか?
▶ What time ~?

32

覚えておくと使い回しの効くフレーズのワンポイント
や旅行先で気をつけたほうが良いことなどを取り上
げています。

✎ 旅行英会話のカギ

What time does＋主語＋動詞原形？ を身に付けましょう。What time は [t＋t] の前の t が脱落し、What time＝「ワッタイ（ム）」と発音します。13から19までの数字は語尾が-teen です。20〜90の-ty との違いに気をつけましょう。特に15と50を聞き間違えると待ち合わせ時刻などに遅れてしまいます。

 音声のトラック番号です。

15

▶▶ **What time does the plane take off?**
🌏 「離陸する」は take off です。[k＋o] は連結→ take_off＝「テイカフ」と発音。

▶▶ **It takes off at 2:50 p.m.**
🌏 50 の発音は「フィフティー」。

▶▶ **What time does the next train leave?**
🌏 [t＋t] は前の t が脱落。what time＝「ワッタイ（ム）」、next train＝「ネキストレィン」

正解の英語フレーズです。
何度も音読して、しっかり
身につけましょう。

▶▶ **At 5:15 p.m. Here's a timetable.**
🌏 15 の発音は「フィフティーン」。

▶▶ **What time does the next tour begin?**
🌏 [t＋t] は前の t が脱落。next tour＝「ネキストァ」

▶▶

付属のシートで英文を隠し
て、日本語に対応する英語
表現を覚えたかどうか確認
しましょう。しおりの代わ
りとしても利用できます。

音声の使い方

　音声には、各UNITの左ページの「日本語」と右ページの「英語フレーズ」がどちらも収録されています。「日本語 → (ポーズ) → 英語フレーズ」の順番で録音されているので、日本語のあとに自分で声に出して英語を言う練習ができます。

音声例

例

「トイレはどこですか？」

▼

ポーズ

ここで、自力で英語を言ってみましょう。

▼

Where is the restroom?
自分の言った英語が正しいかどうか確認しましょう。

音声スピード

 自分フレーズ 　ネイティブスピードよりややゆっくり

　自分フレーズの目的はネイティブスピードで喋ることではなく、きちんと伝えられる英語を話すことなので、自分が話す音をまずはしっかりと確認できるように、少しゆっくりめで収録しています。

 相手フレーズ 　ネイティブスピード

　旅行先でネイティブがゆっくり喋ってくれるわけではないので、相手の言っていることをきちんと聞き取れるようになるために、相手フレーズはネイティブスピードで、フレーズによってはとてもカジュアルな言い方で収録しています。

🔲 音声の入手方法は巻頭にあります

カンタン基礎フレーズ 🔊 02

❶ 場所を聞くには「Where is ＋名詞？」でカンタン！

Where is the meeting place?（集合場所はどこですか？）
the lost and found（遺失物取扱所）
the boarding gate（搭乗ゲート）

❷ 日時を聞くには「When is ＋名詞？」でカンタン！

When is the closing time?（閉店時刻は何時ですか）
the meeting time（集合時間）　departure time（出発時刻）
the next flight to Kansai International Airport
（関西国際空港への次の便）

❸ 「Do you have ＋名詞？」でカンタン〜！

Do you have a floor map?（フロアーマップはありますか？）
the same design（同じデザイン）
a cloakroom（手荷物預かり所）
a hand sanitizer（手指消毒剤）

❹ 「May / Can I ＋動詞の原形？」で許可を求めればカンタン！

May I get through?（前を通ってもよろしいですか？）
Can I use a flash here?（ここでフラッシュを使っても良いですか）

❺ 「Can you ＋動詞の原形？」で依頼すれば カンタン！

Can you save my place? （私の席を取っておいてくれますか？）

❻ 「Could you ＋動詞の原形？」で依頼すれば 丁寧でカンタン！

Could you please include Big Ben in this picture?
（Big Ben をこの写真の中に入れてくれませんか？）
Could you write down your contact information?
（連絡先を書いていただけますか？）

❼ 「How much is ＋名詞？」で価格を聞けば カンタン！

How much is this jacket?
（このジャケットはいくらですか？）
How much is the fare from here to the airport?
（ここから空港までの運賃はいくらですか？）

❽ 「How many ＋名詞の複数＋ 疑問文」の 語順で聞けばカンタン！

How many family members do you have?
（家族は何人いますか？）

⑨ 「How often ＋疑問文」の語順で聞けば頻度は
カンタン！

How often does the shuttle bus run?
（シャトルバスはどれ位の頻度で走りますか）

⑩ 「How long + does it take from A to B?」で
時間を聞けばカンタン！

How long does it take from here to the post office?
（ここから郵便局まではどれくらいの時間がかかりますか？）

⑪ 「There is no ＋名詞」の名詞にないものを
入れればカンタン！

There is no hot water.
お湯が出ません
There is no（shampoo・coffee maker）
（シャンプー・コーヒーメーカー）がありません。

⑫ 「I have ＋名詞」で病気の症状はカンタン！

I have a（headache / stomachache / backache /
toothache / sore throat）.
私は（頭痛 / 腹痛 / 背中の痛み / 歯痛 / のどの痛み）があります。

⑬ 「I feel ＋形容詞」で症状の説明は
カンタン！

I feel（sick / chilly / nauseous / dizzy / feverish）.
私は（気分がわるい / 寒気がする / めまいがする / 熱っぽい）

これ重要！ 発音
トレーニング

マクダーヌウツ

　日本人が<u>Vanilla shake</u>を注文すると<u>Banana shake</u>が出てくることがよくあるそうです。それはナゼ？ 日本人はvとbの発音ができてない人が多いからなのです。

　また、私自身も英会話初心者の頃、ハワイを旅行しPlease show me the way to McDonald's. とマグドナルドへの道順を尋ね、通じなかった恥ずかしい思い出があります。

　それは、ナゼしょうか？ カタカナで「マクドナルド」と発音してしまっていたからなのです。

　また、レストランで、Rice, please. と注文してニンマリ笑われたこと、意見が同じだったので I think so, too. と言って、ニンマリ笑われた経験があります。それはナゼでしょうか？ lとr、th と s の発音を間違えていたからなのです。(lice（シラミ）、sink（沈む）の発音になっていたんです)

　海外旅行をしたとき、ネイティブスピーカーの英語が聞き取れなくて困ったこと、ありますよね。それって<u>発音の連結や脱落のルールを知らなかったから</u>なんです。

　さあ、今からこれだけ覚えれば大丈夫！ な発音方法、聞き取り方法を学習しましょう！

16

母音と子音

母音

　日本語の「ア・イ・ウ・エ・オ」にあたる音のことです。日本語の母音は5つですが、英語には母音がたくさんあります。例えば、「ア」の音1つにしてもさまざまな「ア」の音があります。小さな口で発音する「ア」、口を大きく開けて発音する「ア」、「エ」と「ア」が混ざったような「ェア」、「ア」と「ウ」の中間の曖昧な音などです。また、「エィ」「アゥ」などの二重母音といわれるものもあります。

子音

　子音は母音以外の音を指します。

例

　　　　　┌─母音─┐
　　　　　↓　　　↓
sun ［sʌn］　（太陽）
└───┘ └─┘
　　　　子音

マーガリンじゃない！

05

　日本語は基本的に単語に強勢を置きませんが、英語は単語にも強勢を置きます。カタカナではどの音もカタカナ式ではっきり発音しますが、英語では強勢のない音節の母音が弱まります。

Please show me the way to McDonald's.

（マクドナルドへ行く道を教えてください）

英語では McDonald's は「マク**ダー**ヌウツ」と
「**ダー**」に強勢を置きます。カタカナで「マクドナルド」
と発音してもネイティブには通じません。

Mayonnaise, please.

（マヨネーズをお願いします）

Point!

「マヨネーズ」は、英語では「**メヤ**ネイズ」です。
カタカナで「マヨネーズ」と発音しては×。

Margarine, please.

（マーガリンをお願いします）

カタカナで「マーガリン」だと通じません。
英語では「**マー**ジャリン」です。

旅行なの？ トラブルなの？

日本人が苦手な似ている子音を練習しましょう。

① v と b の使い分け

 ★ v は上の歯で下唇を軽くかみ息を出して作る「ヴ」の音です。

I like to travel.
（私は旅行が好きです）

Point!

vel の部分に意識を集中させながら、
travel（トゥラヴァゥ）と早口で発音してみてください。

 ★ b は唇を閉じて息をためてから「ブッ」と吐き出す感じの発音をします。

I'm sorry to trouble you.
（ご迷惑をおかけしてすみません）

Point!

ble の部分に意識を集中させながら、
発音は trouble（トラッブゥ）と早口で発音してください。

ライスをシラミって言わないで！ 🔊 07

② rと l の使い分け

r ★ r は舌の先を口の奥に移動させて発音します。語頭に軽く「ゥ」を付ける感じで発音します。

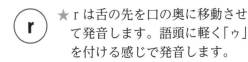

Rice, please.

（ライスをお願いします）

Point! 「(ゥ)ライス」と発音します。間違えて l の発音をすると lice「シラミ」になるので注意しましょう。

l ★ l は舌の先を上の歯の裏側につけて発音します。※語尾に l がある場合は「ル」ではなく「ゥ」に近い音です。

	正しい発音	✕ カタカナ英語
alcohol	アルカホー（ゥ）	アルコール
tunnel	タノ（ゥ）	トンネル

バスなの？ お風呂なの？

③ s と th の使い分け

 ★ s はカタカナのサ行を勢いよく
出して発音します。

What time can I take a bus?

（何時にバスに乗れますか？）

Point!

bus ははっきり響いて聞こえる音です。

 ★ th は舌の先を軽く噛んで息を
「スッ」と出すような感じで発
音します。

When can I take a bath?

（いつお風呂に入れますか？）

Point!

舌を噛まないで発音すると
bus になってしまうので注意！

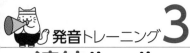 発音トレーニング**3**

連結ルール

09

　「連結」とは音と音が仲良く手をつなぐことです。子音で終わる単語の後ろに母音が来る場合、イディオムや前の単語が後ろの単語を修飾する場合、連結が起こります。

Is the taxi stand far_away from here?

（タクシー乗り場はここから遠いですか？）

Point!

子音の r と母音の a が連結して「ファーラウェイ」

Please turn_on the light.

（ライトをつけてください）

Point!

子音の n と母音の o が連結して「ターノン」です。

単語の例

turn_off 「ターノフ」
check_out 「チェッカウト」
a pair_of 「アペアロブ」

脱落ルール

10

　脱落とは、子音が連続する場合に、「一部の子音が脱落する＝ドロンと姿を消すこと」です。音が脱落する際に、その音があった場所に一瞬の途切れが生じるのが聞き取りのポイントです。

This is my firs**t** time to visit Canada.

（私がカナダに訪問するのは初めてです。）

[t＋t] は最初の t が脱落します。

first time 「ファースタイム」

Am I on the righ**t** road to Regent Park?

（Regent Park に行くにはこの道でよろしいですか？）

right road の「t＋r」は前の t が脱落して

「ライ (ッ) ロード」

単語の例

hot dog「ホドッグ」　　　　take care「ティケア」

top player「トップレヤー」　look good「ルッグッ」

last stop「ラーストップ」　night train「ナイトレイン」

23

カタカナ英語から抜け出そう。
11

	正しい発音	✕ カタカナ英語
allergy	アラジィ	アレルギー
spaghetti	スパゲッテイ	スパゲティー
McDonald's	マクダーヌウツ	マグドナルド
virus	ヴァイラス	ウイルス
vaccine	ヴァクスイーン	ワクチン
tourist	トゥリス (ト)	ツーリスト
signal	スィグナ (ウ)	シグナル
blazer	ブレイザー	ブレザー
cake	ケイ (ク)	ケーキ
magazine	マガジーン	マガジン
theme	シーム	テーマ
cabbage	キャビッジ	キャベツ

24

第1章

まずはこれだけ編

「まずはこれだけは覚えておきたい！」といった
フレーズを覚えましょう。
「英語が聞き取れなくて困った！」
「自己紹介をしたいけどなんて言えばいいんだっけ？」
「時間や場所を聞きたい」など、
旅行中に絶対遭遇するシーンで使うフレーズばかりです。
まずはここから、**旅行を100倍楽しむ**準備を
始めましょう。

UNIT 01 自己紹介

～旅は道連れ～

繰り返し学習Check! ▶ 1 2 3 4 5 □□□□□

自己紹介

□□ 私の名前は田中佳代子です。
カコと呼んでください。はじめまして。

▶ I'm ～.

□□ 私はダレン・スミスです。はじめまして。

▶ I'm ～.

□□ 海外は初めてですか？

▶ Is this your ～?

□□ 2度目です。どちらのご出身ですか？

▶ This is my ～.

□□ 私はカナダ出身です。

▶ I'm ～.

□□ お話しできてよかったです。
楽しい日をお過ごしください。

▶ Nice talking ～.

□□ あなたもね。

▶ The same ～.

✍ 旅行英会話の**カギ**

機内で隣に座った外国人旅行者や、バスツアーで一緒になった外国人観光客にちょっとした自己紹介ができるようになりましょう。Where are you from?と出身地を聞くことで会話が広がります。最初の挨拶のNice to meet you.（初めまして）と別れ際の挨拶Nice meeting you.（お会いできてよかったです）を間違わないように注意しましょう。

12

 I'm **Kayoko Tanaka. Please call me Kako. Nice to meet you.**

初対面の挨拶は Nice to meet you. 2度目以降の挨拶は Nice to see you. です。

 I'm **Darren Smith. Nice to meet you, too.**

meet you ＝「ミーチュー」と発音しましょう。

 Is this your **first time abroad?**

[t＋t] は前の t が脱落します。first time ＝「ファースタイム」

 This is my **second time. Where are you from?**

Where do you come from? も「どこのご出身ですか？」と聞くときに使えます。

 I'm **from Canada.**

I come from 〜. も同じように「〜の出身です」を意味します。

 Nice talking **to you. Have a nice day.**

Nice meeting you. だと「お会いできてよかったです」を意味します。

 The same **to you.**

You, too. でも OK です。Goodbye. は親近感がないです。

UNIT 02 場所を聞く

繰り返し学習Check! ▶ 1 2 3 4 5 □□□□□

化粧室はどこ?		
	化粧室はどこでしょうか？	
	▶ Where is 〜?	

化粧品店とブティックの間です。

▶ It's between 〜.

両替所はどこ?	
一番近い外貨両替所はどこでしょうか？	
▶ Where is 〜?	

その角をちょうど曲がったところです。

▶ It's just 〜.

案内所はどこ?	
案内所はどこですか？	
▶ Where is 〜?	

2階の出口のそばにあります。

▶ It's near 〜.

タクシー乗り場はどこ?	
タクシー乗り場はどこですか？	
▶ Where is 〜?	

28

✍ 旅行英会話の**カギ**

場所を聞くときは Where is ＋名詞？ が一番わかりやすいです。フロアを聞くときは What floor is ＋名詞？ ですが、Where is ＋名詞？で代用できます。「1 階」はアメリカ英語では first floor、イギリス英語では ground floor です。「トイレ」はアメリカでは restroom、イギリスでは toilet が使われます。lavatory は公共の場所や飛行機などでよく使われます。

Where is **the restroom?**

😊 restroom の代わりに lavatory、toilet など状況に応じて入れ換え可能。

It's between **a cosmetics store and a boutique.**

😊 between A and B は「AとBの間」です。

Where is **the nearest foreign currency exchange?**

😊 foreign currency exchange は「外貨両替所」です。

It's just **around the corner.**

😊 「角を曲がったところに」は around the corner です。

Where is **the information office?**

😊 「角を曲がったところに」は around the corner です。

It's near **the exit on the second floor.**

😊 exit は「出口」です。floor の前には on を付けます。

Where is **the taxi stand?**

😊 「タクシー乗り場」は taxi stand です。参考 「新聞の売店」は newspaper stand

英語が
聞き取れない

繰り返し学習Check! ▶ 1 2 3 4 5 □□□□□

もっと ゆっくり 話して ほしい	□ □	もっとゆっくり話してくれませんか？ ▶ Could you ~?
	□ □	空港シャトルバスは2時50分に出ます。 ▶ The airport shuttle ~.
もう一度 繰り返し てほしい	□ □	合計14ドルです。 ▶ The total ~.
	□ □	もう一度繰り返してくれませんか？ ▶ Could you ~?
書いて ほしい	□ □	ここに書いてくださいませんか？ ▶ Could you please ~?
	□ □	わかりました。どうもありがとうございます。 ▶ I got ~.
	□ □	どういたしまして。 ▶ You're ~.

✍ 旅行英会話の**カギ**

聞き取れない場合は、まずは Could you speak more slowly? Could you repeat that? そして、Could you write it down? も言えれば鬼に金棒！ 英語で数字を聞き取るのは難しいです。-ty で終わる単語は前にアクセント、-teen で終わる単語は後ろにアクセントがくることを覚えましょう。例：50の発音は「フィフティー」、15は「フィフティーン」

14

 ## Could you **speak more slowly?**
😊 Could you ＝「クッジュー」と発音します。

 ## The airport shuttle **bus leaves at 2:50.**
😊 50 の発音は「フィフティー」、15 は「フィフティーン」です。

 ## The total **is $14.**
😊 14 の発音は「フォーティーン」、40 は「フォーティー」。

 ## Could you **repeat that?**
😊 I beg your pardon? でも OK です。

 ## Could you please **write it down here?**
😊 Could you 〜？よりも丁寧な形。write it down は「それを書く」。

 ## I got **it. Thank you very much.**
😊 I got it. は相手の言ったことを理解したときのカジュアルな表現。

 ## You're **welcome.**
😊 または It's my pleasure. か Not at all. でも OK。

時間を尋ねる①

繰り返し学習Check! ▶ 1 2 3 4 5 □□□□□

飛行機の 離陸 時刻は?	□□	飛行機は何時に離陸しますか？

▶ What time ~?

午後2時50分に離陸します。

▶ It takes off ~.

列車の 出発 時刻は?	□□	次の列車は何時に出発しますか？

▶ What time ~?

午後5時15分です。こちらが時刻表です。

▶ At ~.

ツアーの 始まる 時刻は?	□□	次のツアーは何時に始まりますか？

▶ What time ~?

午後4時30分です。こちらがスケジュールです。

▶ It starts ~.

美術館の 開館 時刻は?	□□	何時にヨーロッパ美術館は開館しますか？

▶ What time ~?

✑ 旅行英会話の**カギ**

What time does＋主語＋動詞原形？ を身に付けましょう。What time は［t＋t］の前のtが脱落し、What time ＝「ワッタイ（ム）」と発音します。13から19までの数字は語尾が-teenです。20〜90の-tyとの違いに気をつけましょう。特に15と50を聞き間違えると待ち合わせ時刻などに遅れてしまいます。

15

▶▶ ## What time **does the plane take off?**

🔊 「離陸する」は take off です。［k＋o］は連結→ take_off ＝「テイカフ」と発音。

▶▶ ## It takes off **at 2:50 p.m.**

🔊 50 の発音は「フィフティー」。

▶▶ ## What time **does the next train leave?**

🔊 ［t＋t］は前の t が脱落。what time ＝「ワッタイ（ム）」、next train ＝「ネキストレィン」

▶▶ ## At 5:15 p.m. Here's a timetable.

🔊 15 の発音は「フィフティーン」。

▶▶ ## What time **does the next tour begin?**

🔊 ［t＋t］は前の t が脱落。next tour ＝「ネキストァ」

▶▶ ## It starts **at 4:30 p.m. Here's a schedule.**

🔊 30 の発音は「サーティー」。schedule はイギリス英語では「シェジュー（ゥ）」と発音。

▶▶ ## What time **does the European Museum open?**

🔊 European は「イオロピアン」のように発音する。

時間を尋ねる②

繰り返し学習 Check! ▶ □□□□□
1 2 3 4 5

開く時間・閉まる時間は?	□ □	何時に開いて、何時に閉まりますか？
		▶ What time ~?

	□ □	午前10時に開いて、午後8時に閉まります。
		▶ We open ~.

営業時間は?	□ □	営業時間は何時ですか？
		▶ What are ~?

	□ □	月曜日から金曜日までは午前11時から 午後8時まで営業しております。
		▶ We're open ~.

	□ □	土曜日は午前11時から午後5時までです。
		▶ We're open ~.

定休日はいつ?	□ □	定休日はいつですか？
		▶ What days ~?

	□ □	定休日は日曜日です。
		▶ Our regular holiday ~.

✍ 旅行英会話の**カギ**

ヨーロッパやアメリカなどでは土曜日に早く閉店したり、日曜日にお休みだったりするお店が多いです。気に入ったアクセサリーがあったのですが日曜日に行くと閉まっていました。What days are you closed?（定休日はいつですか？）と聞いておくべきだと反省しました。

16

 What time do you open and close?
お店だけでなく、美術館などの施設の時間を聞くときにも使えます。

 We open at 10 a.m. and close at 8 p.m.
we は店、施設などいろいろな場所に使えます。

 What are your business hours?
「営業時間」は business hours です。

 We're open from 11 a.m. to 8 p.m. from Monday to Friday.
「〜から…まで営業する」は be open from 〜 to … です。

 We're open from 11 a.m. to 5 p.m. on Saturday.
We're は「ウィァ」と発音。

 What days are you closed?
この day は「曜日」を表しています。

 Our regular holiday is Sunday.
「定休日」は regular holiday です。

UNIT 06 便利フレーズ
〜座席に関して〜

繰り返し学習Check! ▶ 1 2 3 4 5 □□□□□

ここに座っても良い?	すみません。ここに座ってもよろしいですか?
	▶ May I 〜?

すみませんが、この席は使っています。

▶ I'm sorry, but 〜.

席は空いてる?	すみません。この席を使っていますか?
	▶ Is this 〜?

いいえ。どうぞお座りください。

▶ Please 〜.

席をつめてほしい	席を1つつめてくださいませんか?
	▶ Could you please 〜?

母と私は一緒に座りたいのです。

▶ My mother and 〜.

いいですよ。どうぞお座りください。

▶ Sure. Go 〜.

36

✍ 旅行英会話の**カギ**

お願いする場合や許可を得る場合はExcuse me.をつけましょう。旅行先で疲れたらどこか席を探して座りたくなるものですね。May I sit here? は言えますか？ 席は空いているけど、誰かがいそうなときには Is this seat taken? と、口からスムーズに出てくるようにしましょう。

◀)) 17

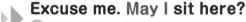

Excuse me. May I sit here?
🔵 お願いするとき、許可を得るときには Excuse me. をつけたほうがベター。

I'm sorry, but this seat is taken.
🔵 take this seat で「この席に腰かける」を意味する。

Excuse me. Is this seat taken?
🔵 [t + t] は前の t が脱落。seat taken =「スィー (ト) テイクン」と発音。

No. Please have a seat.
🔵 sit down や be seated は高圧的なので使わないように。

Could you please move over one seat?
🔵 「席を1つつめる」は move over one seat です。

My mother and I'd like to sit together.
🔵 sit together は「一緒に座る」を意味します。

Sure. Go ahead.
🔵 Go ahead. は許可を求める答えに対して「どうぞ」を表す。

便利フレーズ

～列に関して～

何の列?	□ □	わあ！ 長い列だ。これは何の列ですか？ ▶ It's a ～.
	□ □	お店がオープンするのを待っているんですよ。 ▶ We're ～.
列の一番 最後?	□ □	あなたはこの列の最後尾ですか？ ▶ Are you ～?
	□ □	はい。あなたは1時間並んで 待たなければなりません。 ▶ You'll have to ～.
	□ □	まあ！ いつもこんなに長い列なんですか？ ▶ Is there ～?
	□ □	はい。だけど今日は列は早く動いていますよ。 ▶ the line ～.
場所を 取って おいて	□ □	数分だけ、この場所を取っておいてくれます か？ ▶ Can you ～?

🖋 旅行英会話の**カギ**

長い列があると、何の列だか知りたくなりますね。そんな時は What's this line for? と聞きましょう。公共の場で長い列に並ぶとき、どれが最後尾かな？ と迷うことがあります。そんな時は Are you at the end of the line? と聞きましょう。「列」はアメリカ英語では line、イギリス英語では queue です。

18

Wow! It's a long line. What's this line for?

What's this ～ for ? は応用可。 **例** What's this switch for?

We're waiting for the shop to open.

wait for ＋名詞＋ to 不定詞は応用可。 **例** I'm waiting for the show to begin.

Are you at the end of the line?

be at the end of the line は「列の最後尾にいる」。

Yes. You'll have to wait in line for one hour.

「並んで待つ」は wait in line です。

Wow! Is there always a long line?

Wow! は、驚きや喜びを表す場合に使います。

Yes, but the line is moving fast today.

「早く動く」は move fast です。

Can you save my place for just a few minutes?

save one's place は「場所を取っておく」。列だけでなく席にも使える。

UNIT ✈ 08 写真撮影①

繰り返し学習 Check! ▶ 1 2 3 4 5 □□□□□

写真を撮ってもいい?	□□	ここで写真撮影をしてもいいですか？ ▶ Can I ~?
	□□	ここでの写真撮影はご遠慮ください。 ▶ Please refrain ~.
	□□	指定された場所でのみ お写真をお撮りいただけます。 ▶ You can ~.
フラッシュをたいてもいい?	□□	フラッシュをたいてもいいですか？ ▶ Can I ~?
	□□	写真撮影はしていただけますが、 フラッシュはたかないでください。 ▶ You can ~.
一緒に写真が撮りたい	□□	あなたと一緒にここでお写真を撮らせて いただいてもよろしいですか？ ▶ May I ~?
	□□	もちろん。だけど逆光になりますが。 ▶ Sure,

40

✍ 旅行英会話のカギ

　海外旅行では写真撮影は楽しみの一つです。美術館など写真が禁止されている場所もあるので、Can I take a picture here?と許可を求めましょう。ここでは、許可を求める英語「Can I＋動詞原形？」「May I＋動詞原形？」を覚えましょう。May I～?の方が丁寧です。

🔊 **19**

第**1**章　まずはこれだけ編

Can I take a picture here?
😀 Can I は「キャナイ」と発音。take a picture は「写真を撮る」です。

Please refrain from taking pictures here.
😀「～を遠慮する」は refrain from ～です。

You can take a picture only in the designated area.
😀 designated area は「指定された場所」です。

Can I use a flash here?
😀「フラッシュをたく」は use a flash です。

You can take a picture, but please don't use a flash.
😀 You can ～ . で「～を許可する」を表現します。

May I take a picture with you here?
😀 May I ～ ? は Can I ～ ? より丁寧です。

Sure. The sun will be behind you, though.
😀 太陽が後ろに来ると逆光になります。

UNIT 09 写真撮影②

繰り返し学習Check! ▶ 1 2 3 4 5 □□□□□

写真を
撮って
ほしい

□□ すみません、私たちの写真を
撮っていただけませんか？

▶ could you 〜?

□□ いいですよ。このカメラは
どのように使えばいいのですか？

▶ How do 〜?

□□ このボタンを押すだけです。

▶ Just press 〜.

□□ どこで撮りたいですか？

▶ Where do you 〜?

背景に
入れて
ほしい

□□ 写真にビッグベンを
入れていただけませんか？

▶ Could you 〜?

□□ わかりました。もう少し右に動いてください。
いいですか？「チーズ」と言ってください。

▶ Please move 〜.

□□ ありがとう。もう1枚撮っていただけませんか？

▶ Could you 〜?

42

✐ 旅行英会話の**カギ**

丁寧な依頼表現、Could you (please) 〜？ を身に付けましょう。
写真撮影の依頼の定番表現 Could you please take our picture?
を使いましょう。撮影してくれた相手に Shall I take your picture?
（写真を撮りましょうか？）と申し出るのも親切です。カメラを持ち逃
げされた話も聞きますので、依頼相手は慎重に選びましょう。

20

Excuse me, could you take our picture, please?

🔵 Could you 〜 , please? は丁寧な依頼表現です。

Sure. How do I use this camera?

🔵 How do I 〜？の〜の部分を入れ換え応用自由自在。

Just press this button.

🔵 「Just ＋動詞の原形」で「〜するだけ」。

Where do you want to have your picture taken?

🔵 「have ＋物＋動詞の過去分詞」は「物を〜してもらう」を意味する。

Could you include Big Ben in the picture?

🔵 include は「入れる、含める」を意味する。

OK. Please move a little to the right. Ready? Say "cheese".

🔵 Say "cheese". は「笑ってください」の定番。

Thanks. Could you take one more picture, please?

🔵 one more は「もう1枚」を意味する。

UNIT 10 クレジットカード決済（タッチ決済型と従来型）

繰り返し学習Check! ▶ 1 2 3 4 5 □□□□□

カードを使えますか？		
	合計金額は200ドルになります。	▶ The total comes to ~.
	現金ですか？　カードですか？	▶ Will that ~?
	マスターカードは使えますか？	▶ Do you take ~?

タッチ型従来型暗証番号を入力する場合！		
	いいですよ。あなたのクレジットカードを機械にタッチしてください。	▶ Please tap ~.
	いいですよ。あなたのクレジットカードを機械に通してください。	▶ Please insert ~.
	暗証番号を入力していただけますか？	▶ Could you ~?

レシートの保管		
	レシートを保管してください。	▶ Please keep ~.

44

✍ 旅行英会話の**カギ**

タッチ決済カードが普及しています。店の指定する一定金額を超えた場合のみ PIN(暗証番号) の入力を求められます 従来型カードでは Please insert your card.（カードを機械に通してください）を指示され金額に関係なく PIN 入力が必要です。英語圏では Credit card only のお店で自分で操作することが多いので使いこなせるようになりましょう。

21

The total comes to $200.

🔵 total はトータ (ゥ) に聞こえます。

Will that **be cash or card?**

🔵 card は charge に入れ替え可能。

Do you take MasterCard?

🔵 take の代わりに accept に入れ替え可能。

OK. Please tap **your credit card on the machine.**

🔵 Hold your card over the machine（機械にかざしてください）と指示されることもある。

OK. Please insert **your credit card.**

🔵 従来型カードの場合です。insert の代わりに swipe に入れ替え可能。

Could you **enter your PIN?**

🔵 タッチ決済型カードでは上限額を超えた場合のみ PIN を入力。

Please keep **your receipt.**

🔵 receipt は「レシー (ト)」と発音。

UNIT 11 レジでのお会計

繰り返し学習Check! ▶
1 2 3 4 5
□□□□□

カードが 使えない	□ □	すみません、あなたのクレジットカードの 限度額が超えています。 ▶ you've reached ~.
	□ □	すみません、クレジットカードの有効期限が すぎています。 ▶ Your credit card ~.
	□ □	気付きませんでした。 現金支払いでも良いですか？ ▶ I didn't ~.
現金で 払いたい	□ □	合計金額は38ドルですね？ 現金で支払いたいです。$50あります。 ▶ I'd like to ~.
お釣りが 足らない	□ □	いいですよ。おつりです。 ▶ Here's ~.
	□ □	2ドル不足しています。 ▶ I think ~.
現金と カードを 使いたい	□ □	30ドルは現金で残りはカードで 支払えますか？ ▶ Can I ~?

46

✍ 旅行英会話の**カギ**

カードの有効期日が切れていたり、旅行でお金を使い過ぎて限度額が超えるとカードが使えなくなるので要注意！　現金で支払いお釣りが足りない場合、I'm $ 〜 short.（〜＄足りません）また旅先では両替したお金は使い切りたいです。Can I pay $ 〜 in cash and the rest by card? の＄を様々な通貨に置き換えて応用できます。

22

Sorry, you've reached your credit card limit.

😀 credit card limit は「限度額」を意味します。

Sorry, your credit card has expired.

😀 expire は「有効期限が切れる」を意味します。

I didn't know that. May I use cash?

😀 May I 〜は Can I 〜より丁寧です。

The total is $38? I'd like to pay in cash. Here's $50.

😀 pay in cash は「現金で支払う」です。金額を確認することも大切です。

OK, Here's your change.

😀 change は不可算名詞です。

I think that I've been shortchanged. I'm $2 short.

😀 「おつりが足らない」は be shortchanged です。

Can I pay $30 in cash and the rest by MasterCard?

😀 in cash は「現金で」、the rest は「残り」です。

繰り返し学習Check! ▶ 1 2 3 4 5 □□□□□

1ドル いくら?	□ □	すみません、今日の為替レートはいくらですか？

▶ what's today's ~?

	□ □	1ドル130円です。

▶ It's ~.

両替の 金額は?	□ □	いくら両替なさいますか？

▶ How much ~?

	□ □	3万5千円を米ドルに交換したいのですが。

▶ I'd like to change ~.

両替の 内訳は?	□ □	内訳はどのようにいたしましょうか？

▶ How ~?

	□ □	100ドル紙幣を1枚、20ドルを5枚と10ドルを5枚、残りを1ドルでお願いします。

▶ One $100 bill, ~.

	□ □	それから、小銭も少しほしいです。

▶ I'd like ~.

✍ 旅行英会話の**カギ**

通貨を両替する場合の言い方は決まっています。I'd like to change 〜 yen into … dollars.（〜円を…ドルに替えてほしいです）が基本です。これさえ覚えていればyenやdollarsを置き換えることで様々な通貨の両替ができます。「紙幣」はアメリカ英語ではbill、イギリス英語ではnoteです。

🔊
23

Excuse me, what's today's exchange rate?
🔘 「為替レート」は exchange rate です。

It's 130 yen to the dollar.
🔘 「It's 〜 yen to the ＋貨幣単位」の貨幣単位を pound や euro などに入れ換え可。

How much would you like to change?
🔘 would you like to 〜? は do you want to 〜? の丁寧な形です。

I'd like to change 35,000 yen into U.S. dollars.
🔘 change A into B（AをBに両替する）の形で覚えよう。

How would you like it?
🔘 紙幣の内訳を聞く場合の基本フレーズです。

One $100 bill, five $20 bills, five $10 bills, and the rest in one doller bills, please.
🔘 bills を省略して One hundred, five twenties とも言います。

And I'd like some small change.
🔘 I'd like は I want の丁寧な表現。small change(小銭)は不可算名詞です。

数字とお金

❶数字は3ケタで繰り上がる

数字には3ケタごとにコンマが入り、その区切りで読みます。

```
 1千 ＝ 1,000 ＝ one thousand
 1万 ＝ 10,000 ＝ ten thousand
10万 ＝ 100,000 ＝ one hundred thousand
```

❷お金の読み方

お金の読み方はひとつではないですが、下のような読み方が代表的です。

```
＄8.50（eight dollars and fifty cents）
￡9.45（nine pounds forty-five pence）
€50.36（fifty euros and thirty-six cents）
＄501.15（five hundred one dollars and fifteen cents）
```

❸チップの金額

欧米ではサービスに対する感謝の気持ちとしてチップを渡すのがエチケットで、チップは収入の一部です。チップ金額の目安を覚えてスマートに渡しましょう。オーストラリアやニュージーランドではチップは不要です。

● **レストラン**

アメリカでは料金の15％程度。ヨーロッパでは10～15％程度。
勘定書（bill または check）にサービス料としてチップが含まれている場合があります。二重払いにならないようにしっかり確認しましょう。
1ドル札や1ユーロ、1ポンドをチップ用に用意しましょう。コインはダメというわけではないですが、1ドル札の方がスマートです。

● **タクシー**

タクシー運賃（taxi fare）の10％～15％を降車時に渡します。

● **ポーター（porter）**

荷物1個につき、1ドル

● **コンシェルジュ（concierge）**

レストランやチケットの予約などで、2ドル程度

機内・空港編

海外旅行で始めて英語を使うのは機内だったり、
向こうの空港だったり…
ということが多いですね。
さりげなくきちんとした英語を話して、
楽しい海外旅行を
スタートさせましょう!

UNIT 13 機内①
～私の席はどこ?～

繰り返し学習Check! ▶ 1 2 3 4 5 □□□□□

私の席は?		
	□ □	私の席はどこでしょうか? 搭乗券には48Cと書かれています。 ▶ Where is ~?
	□ □	お席はこの通路の先の右側です。 ▶ Your seat ~.

自分の席に人がいる		
	□ □	すみませんが、あなたは私の席にお座りだと思います。 ▶ Excuse me, but ~.
	□ □	確認させてください。搭乗券には50Hと書かれています。 ▶ My boarding pass says ~.
	□ □	この席は51Hですね!本当にすみません。カバンを移動させますね。 ▶ This seat is ~.

席が離れている		
	□ □	4人グループですが、席が離れ離れになっています。 ▶ We're a group of ~.
	□ □	後ろの空いてる席へ移っていただけます。 ▶ You can move to ~.

✍ 旅行英会話の**カギ**

機内では「呼び止める」「お願いする」「尋ねる」フレーズが大切です。ここでは My boarding pass says ~ . (私の搭乗券には~と書かれています)を覚えましょう。席を探すフレーズは、機内だけでなく、boarding pass を ticket に入れ換えて劇場や映画館などでも使えて便利です。

24

▶▶ **Where is my seat? My boarding pass says 48C.**

🟢 Where is seat 48C? でも OK です。say は「書かれている」を意味します。

▶▶ **Your seat is down this aisle, on your right.**

🟢 on one's right は「~の右側」です。

▶▶ **Excuse me, but I think you're in my seat.**

🟢 You're in my seat. は You're sitting in my seat. の省略形。

▶▶ **Let me check. My boarding pass says 50H.**

🟢 [t + m] は前の t が脱落。let me は「レッミー」がネイティブ発音です。

▶▶ **This seat is 51H! I'm really sorry, I'll move my baggage.**

🟢 baggage は bag の集合名詞で不可算。発音は「バゲジ」。

▶▶ **We're a group of four, but our seats are separated.**

🟢 「離れている」は be separated です。

▶▶ **You can move to the empty seats in the back.**

🟢 「空いてる席」は empty seat、「後ろの」は in the back です。

機内②
～イスを倒してもよろしい?～

前を 通りたい	□□	すみません。前を通ってもよろしいでしょうか？

▶ May I ～?

	□□	いいですよ。どうぞ。

▶ Go ～.

	□□	ありがとう。ご迷惑をおかけしてすみません。

▶ Sorry to ～.

イスを 倒しても いい?	□□	イスを倒してもよろしいですか？

▶ Can I ～?

	□□	いいですよ。倒してください。

▶ Please ～.

もう一つ ほしい	□□	毛布をもう一枚もらえますか？

▶ Can I ～?

	□□	はい、すぐにお持ちいたします。

▶ I'll bring ～.

✎ 旅行英会話の**カギ**

何か許可を求める時はMay I〜？ Can I〜？でOKです。相手に迷惑をかけた場合Thank you.に加えてSorry to bother you.と一言付け加えると良いでしょう。窓際の席の人は席を立つ際にMay I get through?（前を通ってもよろしいでしょうか？）と隣の人に声をかけるのがエチケットです。人の前を通るいろいろな場面で使えます。

25

Excuse me. May I get through?

get through 〜は「〜を通る」。[t + t] は前の t が脱落し、「ゲッスルー」。

OK. Go ahead.

Go ahead. は、許可を求める答えに対して「どうぞ」を意味する。

Thanks. Sorry to bother you.

I'm sorry to bother you. はさらに丁寧です。

Can I recline my seat?

recline は「倒す」。Can I put my seat back? でも OK。

Yes. Please do.

断る場合は、I'm sorry, I'd rather you didn't. などです。

Can I have an extra blanket?

blanket（毛布）を pillow（枕）などに置き換え自由自在です。

Sure, I'll bring you one right away.

I'll 〜は「これから〜します」と思いついた場合に使います。bring は「持ってくる」。

機内③

～飲み物は何がある?～

飲み物を 注文する		お飲み物はいかがですか?

▶ Would you like ～?

		何がありますか?

▶ What do ～?

		コーヒー、紅茶、オレンジジュース、コーラ、 ビールとワインがございます。

▶ We have ～.

		氷抜きでお水をいただけますか?

▶ Can I have ～?

座席を 元の位置 に戻す		お座席を元の位置に戻していただけません か?

▶ Could you please ～?

		あっ、はい。ありがとう。

▶ Oh, ～.

		トレーテーブルを降ろしてくださいません か?

▶ Could you please ～?

✍ 旅行英会話の**カギ**

　機内ではCAがドリンクや食事を尋ねてきます。What do you have?（何がありますか？）と聞きましょう。レストランでもよく使うフレーズです。何があるかわかれば選択の幅が広がりますね。丁寧な依頼表現Could you please 〜？も使えるといいです。ここではCAが使っています。

26

Would you like something to drink?

Would you like 〜？は「ウッジュー」と発音。Do you want 〜？の丁寧な形です。

What do you have?

What kind of drinks do you have? は、もっと丁寧です。

We have coffee, tea, orange juice, Coke, beer and wine.

coke は「コゥク」と発音します。

Can I have some water without ice?

「氷抜きの水」は water without ice です。

Could you please put your seat up?

put your seat up の代わりに return your seat to the upright position でも OK。

Oh, OK. Thank you.

th の音は軽く舌をかんで発音しましょう。

Could you please put down your tray table?

「降ろす」は put down です。

機内④

～食事のときは起こして～

機内食を選択する		チキンかビーフ、どちらになさいますか？
		▶ Would you like ～?

		チキンをお願いします。母にも同じものをお願いします。
		▶ The same for ～.

		赤ワインをいただけますか？
		▶ Can I ～?

食事のときは起こしてほしい		食事のときは起こしてください。
		▶ Please ～.

		まもなくミールサービスを始めますが。
		▶ We'll ～.

トレーを片付けてほしい		トレーを下げていただけますか？
		▶ Could you ～?

		かしこまりました。
		▶ Certainly, ～.

✍ 旅行英会話の**カギ**

機内食は食欲のない時は、Can I have the meal later?（食事は後でいただけますか？）、仮眠する場合などは Please wake me up for the meal.（食事には起こしてください）、Please don't bother me for meals.（食事に起こさないでください）とお願いできます。注文する時は The same for ＋人 .（〜にも同じものをお願いします）とかっこよく決めましょう。

27

Would you like chicken or beef?

肉が食べられない場合は vegetarian meal の指定も可能です。

第**2**章 機内・空港編

Chicken, please. The same for my mother.

The same for 〜の〜は入れ替え自由自在。 **例** The same for me.

Can I have some red wine, please?

Some red wine, please. も、カジュアルな言い方になりますがOKです。

Please wake me up for the meal.

wake me up は「私を起こす」です。

We'll begin the meal service soon.

語尾に l がある場合は日本語の「ウ」に近い音、meal は「ミーゥ」がネイティブ発音。

Could you take this tray away?

レストランでお皿を下げてほしい場合は Could you take this plate away?

Certainly, sir.

少しカジュアルですが Sure. も OK です。

繰り返し学習Check! ▶ 1 2 3 4 5 □□□□□

時間通りに到着する?	□□	ホノルルには時間通りに到着しますか？ ▶ Are we ~?
	□□	30分ほど早く到着します。 ▶ We're ~.
現地時刻は?	□□	現地時刻に時計を合わせたいです。 ▶ I'd like to ~.
	□□	ホノルルの現地時刻は何時ですか？ ▶ What's the local ~?
トランジットする	□□	トランジットパスをどうぞ。 ▶ Here's ~.
	□□	乗り継ぎ時間はどれくらいありますか？ 次のフライトをどこで待てばいいですか？ ▶ How long ~?
	□□	約1時間です。搭乗口近くの待合室で お待ちいただけますか？ ▶ Could you wait ~?

旅行英会話の**カギ**

旅行中は時間が大切です。on timeは「時間通りに」、ahead of scheduleは「スケジュールより早く」、behind scheduleは「スケジュールより遅れて」を覚えましょう。また、どこを飛んでいるのかを聞きたいときはWhere are we now? と聞きましょう。

28

Are we going to arrive in Honolulu on time?
🙂 「時間通りに」は on time です。

We're 30 minutes ahead of schedule.
🙂 ahead of schedule は「スケジュールより早く」を意味します。

I'd like to set my watch to local time.
🙂 「現地時刻に時計を合わせる」は set one's watch to local time です。

What's the local time in Honolulu?
🙂 l は舌の先を上の歯の裏側につけて発音。語尾にも l がある local は「ロウクゥ」。

Here's your transit pass.
🙂 「Here's ＋単数名詞」「Here are ＋複数名詞」で相手に見せる、差し出す表現。

How long is the layover? Where should we wait for the next flight?
🙂 「乗り継ぎ時間」は layover です。

About one hour. Could you wait in the waiting room near the boarding gate?

UNIT 18 ✈ 飛行機の遅延

繰り返し学習Check! ▶ □□□□□
1 2 3 4 5

待ち時間 □ シカゴ行きの飛行機をどれくらい
は? □ 待たなければいけませんか？

▶ How long do ~?

□ 接続便があります。
□ 接続便に遅れたくないです。

▶ I have a connecting ~.

□ 情報が更新されるのを待っております。
□

▶ I'm waiting for ~.

遅延の □ 飛行機はなぜ遅れているのですか？
原因は? □

▶ Why has ~?

□ 機械の問題のため、遅れております。
□

▶ It's been delayed ~.

□ 更新情報をただ今、受け取りました。
□

▶ I received ~.

□ EA345便にてビジネスクラスの座席にアッ
□ プデートさせていただきます。

▶ We can ~.

✍ 旅行英会話の**カギ**

> 飛行機の出発が遅れることにより、connecting flight（接続便）に間に合わなくなることがあります。航空会社に待ち時間や理由、対処方法を聞きたいですね。How long do I have to wait for ～？（～をどれくらい待たなければいけませんか？）を身に付けましょう。

🔊
29

▶▶ **How long do I have to wait for the plane for Chicago?**

　🔵 plane for ～は「～行きの飛行機」です。

▶▶ **I have a connecting flight. I don't want to miss it.**

　🔵 「接続便」は connecting flight です。

▶▶ **I'm waiting for an information update.**

　🔵 「更新情報」は information update です。

▶▶ **Why has the plane been delayed?**

　🔵 「遅れる」は be delayed です。

▶▶ **It's been delayed due to a mechanical problem.**

　🔵 due to ～の～の部分に理由を入れます。

▶▶ **I received an information update just now.**

　🔵 「更新情報」は information update です。

▶▶ **We can upgrade you to a business class seat on Flight EA345.**

繰り返し学習Check! ▶ 1 2 3 4 5 ☐☐☐☐☐

指紋認証をする	☐☐	右の親指をスクリーンにおいてください。

▶ Put your right 〜.

☐☐ 右の指4本をスクリーンにおいてください。

▶ Put your other 〜.

☐☐ カメラを見てください。眼鏡をはずしてください。

▶ Look at 〜.

機械がうまく動かない	☐☐	すみません。作動しません。

▶ It doesn't 〜.

旅の目的は?	☐☐	パスポートと帰りのチケットを見せていただけますか?

▶ May I 〜?

☐☐ あなたの訪問の目的は?

▶ What's 〜?

☐☐ 観光で来ています。

▶ I'm here for 〜.

✍ 旅行英会話の**カギ**

指紋認証、顔認証の方法の指示は明記されていますが、口頭で指示を
受ける場合も稀ですが、あります。 機械がうまく動かないときは？
Excuse me. It says "error." （すみません、エラーと出ています）
やIt doesn't work.で係員にヘルプを求めましょう。指紋認証は両手
です。

🔊
30

▶▶ ## Put your right thumb on the screen.
> 🔵 thumb は「サム」に聞こえます。

▶▶ ## Put your other four fingers on the screen.
> 🔵 put your は「プッチュア」に聞こえます。

▶▶ ## Look at the camera. Take off your glasses.
> 🔵 「mask」、「hat」などに言い換えられます。

▶▶ ## Excuse me. It doesn't work.
> 🔵 It doesn't work. は機械類が作動しないときの万能表現。

▶▶ ## May I see your passport and a return ticket?
> 🔵 immigration card「入国カード」が必要な国もあります。
> 米国では ESTA、オーストラリアでは ETA の事前申請が必要です。

▶▶ ## What's the purpose of your visit?
> 🔵 purpose は「目的」です。

▶▶ ## I'm here for sightseeing,
> 🔵 Sightseeing. でも OK。仕事の場合は Business または I'm here on
> business.

入国審査②

~滞在場所・期間と仕事を答える~

繰り返し学習Check! ▶ □□□□□
1 2 3 4 5

滞在場所を答える	□□	あなたはどこに滞在しますか？

▶ Where are ~?

	□□	マリオットホテルに滞在する予定です。

▶ I'm staying at ~.

仕事を答える	□□	あなたの仕事は？

▶ What's your ~?

	□□	私は販売員です。 パートタイムで働いています。

▶ I'm a ~.

	□□	関西デパートで働いています。

▶ I work for ~.

滞在期間を答える	□□	この国にどれくらいの期間滞在するつもりですか？

▶ How long ~?

	□□	私は8日間滞在する予定です。

▶ I'm going to ~.

✍ 旅行英会話の**カギ**

　入国審査はimmigration clearanceです。基本的には①滞在目的
②滞在場所　③滞在期間が聞かれます。個人旅行の場合は質問が多いで
す。友達の家に滞在する場合には住所をすぐに出せるように準備しましょ
う。確定した近い未来はI am staying at 〜のように進行形でOKです。
How long ＋疑問文の語順？　で期間を尋ねられるようになりましょ
う。

31

Where are **you going to stay?**
🙂 What address are you staying at? と聞かれることもある。

I'm staying at **the Mariotto Hotel.**
🙂 「友達の家に滞在する」は stay at my friend's house. です。
　確定した近い未来は進行形で OK です。

What's your **occupation?**
🙂 occupation は「仕事」。What line of work are you in? と聞かれる
　こともある。

I'm a **sales clerk. I'm a part-time worker.**
🙂 freeter は和製英語なので通じません。

I work for **Kansai Department Store.**
🙂 work for ＋勤務先〜は「〜で働く」。

How long **are you going to stay in this country?**
🙂 How long ＋疑問文の語順？で応用可。**例** How long can you wait?

I'm going to **stay here for eight days.**
🙂 Eight days. だけでもOKです。

第2章 機内・空港編

67

UNIT 21 空港〜荷物関係①〜
〜スーツケースが出てこない〜

ターンテーブルはどれ?	□ □	AJA05便のターンテーブルはどれですか？ ▶ Which is 〜?
	□ □	右から2番目です。 ▶ It's 〜.
スーツケースがない	□ □	私のスーツケースが見つかりません。 ターンテーブルから出てこないです。 ▶ My suitcase 〜.
	□ □	手荷物引換券の番号はありますか？ ▶ Do you 〜?
	□ □	これが私の手荷物引換券です。 ▶ Here's 〜.
	□ □	あなたの手荷物引換券の番号を コンピュータに入力させてください。 ▶ Let me 〜.
	□ □	あなたのスーツケースは次の便で到着します。 ここで1時間待ちますか？ ▶ Your suitcase 〜.

✍ 旅行英会話の**カギ**

入国審査を終えたら今度は預けた荷物をピックアップしましょう。
「〜がない」は「〜 is missing.」と言います。〜の名詞を入れ換えて
自由自在に使えます。My driver's license is missing.（運転免許
書が見つかりません）など。手荷物引換券（baggage claim tag）は
check-in counter で航空券にホッチキスで添付されますが、なくさ
ないように気をつけましょう。

Which is the carousel for Flight AJA05?

💬 「ターンテーブル」は carousel です。「ターンテーブル」は和製英語です。

It's the second one from the right.

💬 It's the 数詞＋one from the（right / left / top / bottom）.など応用可能。

My suitcase is missing. It hasn't appeared on the carousel.

💬 〜 is missing は「〜がない」です。

Do you have your baggage claim tag number?

💬 「手荷物引換券」は baggage claim tag です。

Here's my baggage claim tag.

💬 この claim は「苦情」ではなく、「自分の所有物としての要求」の意味です。

Let me type in your baggage claim number into the computer.

💬 「入力する」は type in です。

Your suitcase will be on the next flight. Can you wait here for one hour?

💬 「次の便で」は on the next flight です。

22 空港〜荷物関係②〜

〜こちらに連絡ください〜

繰り返し学習Check! ▶ ₁ ₂ ₃ ₄ ₅ □□□□□

連絡して
ほしい

□
□ あなたのスーツケースはまだ見つかりません。

▶ I haven't 〜.

□
□ 連絡先の情報を書いていただけますか？

▶ Could you 〜?

□
□ こちらが私の携帯電話とホテルの情報です。

▶ Here's 〜.

□
□ スーツケースが見つかったら、
この番号に電話してください。

▶ Please call 〜.

□
□ あなたのホテルにスーツケースを
配達してもらいます。

▶ We'll have 〜.

見つから
ない
場合は？

□
□ スーツケースが永久に見つからない場合は
どうすればいいですか？

▶ What if 〜?

□
□ あなたは被害届を出さなければなりません。
航空会社が責任を負います。

▶ You'll have to 〜.

✍ 旅行英会話の**カギ**

「What if 主語＋動詞」の構文を覚えるととても便利です。What if it rains?（雨が降ったらどうしますか？）、What if the flight is canceled?（飛行機がキャンセルになったらどうしますか？）なども言えるようにしておきましょう。

◀))
33

I haven't located your suitcase yet.

🔵 locate は「見つける」です。

Could you write down your contact information?

🔵 could you ～で丁寧な依頼表現です。

Here's my mobile phone number and my hotel information.

🔵「携帯電話」は mobile phone、または cell phone です。

Please call this number when my suitcase is found.

🔵 Please＋動詞でカンタンな依頼表現。

We'll have your suitcase delivered to your hotel.

🔵「have＋目的語＋過去分詞」は「目的語を～してもらう」です。

What if my suitcase is lost permanently?

🔵「What＋if＋主語＋動詞」の形です。「永久に」は permanently です。

You'll have to file a claim. The airline company will be liable for it.

🔵 file a claim は「被害届を出す」。Be liable for は「責任を負う」。

第2章 機内・空港編

繰り返し学習Check! ▶
^{1 2 3 4 5} □□□□□

申告する 物はない	□ □	申告する物はありますか？

▶ Do you have 〜?

	□ □	パスポートと税関申告書を 見てもいいですか？

▶ May I see 〜?

	□ □	これです。申告する物はありません。

▶ Here 〜.

スーツ ケースの 中身を 説明する	□ □	スーツケースを開けてください。 中には何が入っていますか？

▶ Please open 〜.

	□ □	私の身の回りの物だけです。

▶ Just 〜.

	□ □	これは私のランチ用のbeefサンドイッチで す。

▶ this is 〜.

	□ □	このbeefサンドイッチは没収しなければな りません。禁じられています。

▶ We have to confiscate 〜.

✐ 旅行英会話の**カギ**

税関に引っかかる物のリストをチェックしましょう。国によって異なり変更されている場合もあります。

没収されるときは大声できつい表現をされることもあります（税関申告書は申告物がない場合は不必要な空港もあります）。What's in it?（中に何が入っていますか？）はカバンの中身だけでなく、料理の食材を聞く場合にも使えて応用範囲が広いです。

34

Do you have **anything to declare?**

😊 「申告する」は declare です。

May I see **your passport and costums declaration form?**

😊 「税関」は customs です。s を付け忘れないように。

Here **you are. I have nothing to declare.**

😊 Here you go の方がカジュアルに聞こえます。

Please open **your suitcase. What's in it?**

😊 文末の t は脱落し、What's in it? は「ワッイニッ (ト)」と聞こえます。

Just **my personal belongings.**

😊 「身の回り品」は personal belongings です。

And this is **a beef sandwich for my lunch.**

😊 sandwich の d は脱落し、「サンウィッチ)」と発音します。

We have to confiscate **your beef sandwich. It's prohibited.**

😊 「没収する」は confiscate、「禁止される」は be prohibited です。

第2章 機内・空港編

73

UNIT 24 帰りの空港 〜チェックイン①〜

繰り返し学習Check! ▶ 1 2 3 4 5 □□□□□

窓側の席がいい

□□ 搭乗手続きをしたいです。
チケットとパスポートです。

▶ I'd like to 〜.

□□ 通路側の席と窓側の席のどちらが良いですか?

▶ Would you like 〜?

□□ 窓側の席をお願いします。

▶ A window 〜.

□□ お取りできました。
こちらがあなたの搭乗券です。

▶ Here is your 〜.

スーツケースを預ける

□□ いくつスーツケースをお預けになりますか?

▶ How many suitcases 〜?

□□ このスーツケースを預けます、
そしてこれは機内持ち込みのカバンです。

▶ I'm checking in 〜.

□□ OK. 手荷物引換券を
搭乗券に貼り付けました。

▶ I've attached 〜.

74

✒ 旅行英会話の**カギ**

海外の空港での英語は必要です。check in は「手続する」と「荷物を預ける」の二つの意味があります。特急電車に乗る場合もCan I check in my suitcase?（スーツケースを預けられますか？）と聞きます。景色が見たい場合はI'd like a seat away from the window.とリクエストしてみましょう。

35

I'd like to check in. Here are my ticket and passport.

🔵 I'd like to は I want to の丁寧な言い方です。

Would you like an aisle seat or a window seat?

🔵 aisle は「アイ (ウ)」と発音します。

A window seat, please.

🔵「名詞、＋ please」は、依頼する場合の便利な表現。

OK. That's done. Here is your boarding pass.

🔵 That's done は「無事完了しました」の万能表現。

How many suitcases are you checking in?

🔵 How many ＋複数名詞＋疑問文の語順？

I'm checking in this suitcase and this is my carry-on bag.

🔵 check in は「預ける」を意味する。

OK. I've attached your baggage claim tag to your boarding pass.

🔵 attach A to B は「A を B に貼り付ける」

第**2**章　機内・空港編

75

UNIT 25 帰りの空港 ～チェックイン②～

荷物
重量が
超過した

□
□ スーツケースは自分で荷造りをしましたか？

▶ Did you pack ～?

□
□ はい。自分で荷造りしました。

▶ I packed ～.

□
□ あなたのスーツケースは
2ポンド重量オーバーしています。

▶ Your suitcase is ～.

□
□ 30ドル請求させていただきます。

▶ We have to ～.

□
□ そうなんですか？ ちょっと待ってください。

▶ Could you wait?

□
□ スーツケースから
2ポンド出してもいいですか？

▶ May I ～?

□
□ 機内持ちこみ用バッグに入れます。

▶ I'll ～.

🖋 旅行英会話の**カギ**

　他の人が荷造りをしたスーツケースだと本人の知らない危険物が入っている可能性があるので、自分で荷造りしたかどうか聞かれることがあります。I packed it by myself.（自分で荷造りをしました）とはっきり言いましょう。検査が厳しい国ではスーツケースに鍵をかけてはいけない国もあるので、注意しましょう。

🔊
36

Did you pack **your suitcase by yourself?**
🙂 by yourself（あなた自身で）をつけて強調する。

Yes. I packed **it by myself.**
🙂 by myself（自分自身で）をつけて強調する。

Your suitcase is **two pounds overweight.**
🙂「重量超過する」は be overweight です。

We have to **charge $30 for that.**
🙂「〜に …＄請求する」は charge ＄… for 〜です。

Oh, really? Could you **wait a moment?**
🙂 少し待ってもらう丁寧な依頼表現。

May I take **two pounds out of my suitcase?**
🙂 take A out of B は「A を B から取り出す」。

I'll **put it in my carry-on bag.**
🙂 その場で決定したことには will を使う。

第**2**章　機内・空港編

セキュリティ
チェック①

繰り返し学習Check! ▶ 1 2 3 4 5 □□□□□

| パスポートと搭乗券の提示 | ☐☐ | パスポートと搭乗券を拝見してもよろしいですか？ | ▶ May I see ~? |
| | ☐☐ | はい。こちらです。 | ▶ Here you ~. |

所持品検査指示の場面です。

☐☐ すべての機内持込品とジャケットはトレイに入れてください。
▶ Please place ~.

☐☐ ラップトップなど電子機器は異なるトレイに入れてください。
▶ Please place ~.

液体を持ち込んだ場合

☐☐ 100mlを超える液体やジェルは持っていけません。
▶ You can't take ~.

☐☐ この化粧水はどうしたら良いでしょうか？
▶ What should I ~?

☐☐ ここで捨ててください。
▶ Please throw ~.

✎ 旅行英会話の**カギ**

セキュリティチェックとは手荷物検査とボディチェックの両方のことを言います。まず手荷物検査を学習しましょう。規定外の物を持ち込んだ場合は捨てなければなりません。旅慣れしている私が100mlを超える化粧水を捨てざるをえなくなった苦い経験があります。What should I do with ＋名詞〜？（〜をどう処理すれば良いのだ？）は応用が効くので覚えましょう。

37

May I see **your passport and boarding pass?**

😀 boarding pass は「搭乗券」。

Here you **are.**

😀 Here you go. より丁寧です。

Please place **all your carry-on items and jackets in the trays.**

😀 carry-on item は「手荷物品」。

Please place **your electronic devices such as laptops in a separate tray.**

😀 electronic device は「電子機器」。

You can't take **liquids or gels over 100ml.**

😀 liquid は「リクイッド」「gel」は「ジェル」と発音する。

What should I **do with my lotion?**

😀 What should I do with ＋名詞？の名詞は入れ替え自由自在。do with は「処理する」。

Please throw **it away here.**

😀 throw away は「捨てる」。

第**2**章

機内・空港編

UNIT 27 セキュリティ チェック②

身体検査の指示	□ □	靴を脱いでトレイに入れてください。
		▶ Please remove ~.
	□ □	セキュリティチェックを受けてください。
		▶ Please go through ~.
金属探知機の反応	□ □	金属探知機が反応しました。
		▶ You have set off ~.
	□ □	あなたは何か金属の物を身につけていますか？
		▶ Do you have ~?
	□ □	ベルトを外します。金属の留め金がついているのです。
		▶ I'll take off ~.
ボディチェック	□ □	ボディチェックしますね。OKですか？ もう一度上がってください。
		▶ I'll search you, ~
	□ □	よろしいです。ゲートに進んでください。
		▶ Proceed to ~.

ボディチェックではTake off your shoes.と指示する空港も多いです。金属探知機が反応した場合はStep through again.で再検査、直接検査官が服の上からボディチェックする（searchやfrisk）こともあります。ボディチェックは和製英語です。私は髪に大きなバレットに金属探知機が反応しました。ここではリスニングの練習もしましょう。

38

Please remove your shoes and place them in a tray.
remove は「脱ぐ」。

Please go through the security check.
go through は「経験する・通り抜ける」。

You have set off the metal detector.
set off「反応する」。

Do you have any metallic items with you?
metallic item は「金属の物」。

I'll take off my belt; it has a buckle.
take off は「外す」。

I'll search you, OK? Step through again.
search は「ボディチェックする」の意味。

All right. Proceed to the gate.
「へ進む」は proceed to です。

機内・空港の単語

離陸	take-off
着陸	landing
荷物棚	overhead bin
窓の日よけ	window shade
シートベルトを締める	fasten one's seat belt
化粧室	lavatory
使用中	occupied
空き	vacant
乱気流	turbulence
確かめる	locate
非常口	emergency exit
ふくらます	inflate
安全ベスト	safety vest
救命胴衣	life jacket
酸素マスク	oxygen mask
息を吸い込む	breathe in
電気器具	electronic device
飛行機酔いの袋	airsickness bag
ゲートに進む	proceed to the gate
出発時刻	departure time
到着時刻	arrival time
最終目的地	final destination
免税品店	duty-free shop
荷物受取カウンター	baggage claim counter
手荷物事故証明書	PIR (Property Irregularity Report)
取り込む	scan
指紋	fingerprint
人差し指	index finger
検疫	quarantine
入国管理	immigration
入国カード	immigration card
非住居者	non-resident

第**3**章

ホテル編

ホテルで快適に過ごせるかどうかで、
旅行の充実度が何倍も変わってしまいます。
予約やチェックインに関する基本的なフレーズはもちろん、
「エアコンが動かない」
「お湯が出ない」などの
トラブルに対応するためのフレーズも
覚えておきましょう。

UNIT **28** ◀) 39
▼
UNIT **37** ◀) 48

繰り返し学習Check! ▶ ¹□²□³□⁴□⁵□

部屋を 予約 したい	□□	4月3日から3泊予約したいのですが。
		▶ I'd like to ~.

□□ バス付きのシングルの部屋はありますか？

▶ Do you have ~?

□□ 申し訳ございませんが、バス付きの シングルの部屋は満室です。

▶ We're sorry, but ~.

宿泊料金 は?

□□ シャワー付きのシングルの部屋が1室のみ 空いております。

▶ Only one room ~.

□□ 宿泊料金はおいくらですか？

▶ What's ~?

□□ 朝食付きで一泊70ドルです。

▶ It's ~.

□□ その部屋にします。私の名前は北亜子です。 夜の9時頃に着きます。

▶ I'll ~.

✍ 旅行英会話の**カギ**

Do you have a 〜 room with … . の〜に twin、double、…に bath、shower、nice view、ocean view、mountain view を入れても使えます。I'd like to make a reservation for 〜 nights from ＋日にちの〜の部分をはっきり言いましょう。夜遅くの到着になる場合は必ず、I'll check in around ＋時刻, please keep my reservation. と確認しましょう。

39

I'd like to **make a reservation for three nights from April 3rd.**

❓ make a reservation for 〜 nights from …の〜と…の入れ換えは自由自在です。

Do you have **a single room with a bath?**

❓ th は舌の先を軽く噛んで発音。bath と bus の発音間違いに注意。

We're sorry, but **all single rooms with a bath are fully booked.**

❓「満室」は be fully booked です。

Only one room **with a shower is available.**

❓ available は「空いている、利用できる」です。

What's **the room rate?**

❓「宿泊料金」は room rate です。

It's **$70 per night including breakfast.**

❓ per night は「一泊につき」。 per hour は「1時間につき」。

I'll **take it. My name is Ako Kita. I'll arrive there about 9 p.m.**

❓ I'll take it.「それにします」はお買物にも使える万能表現です。

チェックイン①
～チェックインお願いします～

繰り返し学習 Check! ▶ □□□□□
1 2 3 4 5

チェック インする	□ □	チェックインしたいのですが。 今井美智子といいます。
		▶ I'd like to ～.

	□ □	本日予約しています。 オンラインで予約しました。
		▶ I have a reservation ～.

確認書を 見せる	□ □	こちらが確認書です。
		▶ Here's ～.

	□ □	ツインのお部屋をご予約いただいております。 この用紙に記入していただけますか？
		▶ You have a ～.

	□ □	何か身分を証明するものを 提示していただけますか？
		▶ Could you ～?

スペア キーが ほしい	□ □	カードキーと無料の朝食券です。
		▶ Here are ～.

	□ □	スペアのカードキーをもらえますか？
		▶ Can I ～?

✐ 旅行英会話の**カギ**

予約している場合は、お決まりフレーズI have a reservation for today.を使いましょう。英会話初心者の頃、Could you show me some form of identification?（身分証明書を何か提示してください）と言われて意味がわかりませんでしたが、Here's my passport.と提示したら、記入用紙の内容確認でした。2人以上で宿泊する場合はスペアキーをもらいましょう。

◀)) 40

 I'd like to check in. My name is Michiko Imai.

🟢 Check-in please. でも OK です。

 I have a reservation for today. I made it online.

🟢 予約済みのお決まりフレーズです。

Here's my confirmation slip.

🟢 「確認書＝ confirmation slip」を提示しましょう。

 You have a twin room reserved. Could you fill out this form?

🟢 have は使役動詞で、「have ＋目的語＋過去分詞」の構文です。

Could you show me some form of identification?

🟢 identification は「身分証明書」です。

Here are your card key and complimentary breakfast ticket.

🟢 complimentary は「無料の」を意味します。

 Can I get a spare card key?

🟢 spare は「予備の」です。

UNIT 30 チェックイン②
〜早く着いたので荷物を預けて〜

繰り返し学習Check! ▶ □□□□□□

荷物を預かってほしい	すみません、チェックインの時間は何時ですか? 今チェックインしたいです。 ▶ what's ～?
	午後2時です。チェックインできますが、早期チェックイン料金がかかります。 ▶ we'll charge you ～.
	チェックインの時間まで荷物を預かっていただけますか? ▶ Could you keep ～?
チェックアウト時間を延長する	チェックアウト時間を午後1時まで延長していただきたいのですが。 ▶ I'd like to extend ～.
	12時までならご利用いただけますがそれ以降はご利用できません。 ▶ You can ～.
宿泊期間を延長する	2日間滞在を延ばしたいのですが。 ▶ I'd like to extend ～.
	確認させてください。はい。同じ部屋をご利用いただけます。 ▶ Let me ～.

✍ 旅行英会話の**カギ**

早く到着した場合、チェックインできることもあります。追加料金が必要な場合が多いので、そのような場合はチェックインまで荷物を預かってもらうのもいいでしょう。延長する場合の「extend ＋ till ＋日時」「extend ＋ for ＋宿泊日数」を身に付けましょう。

41

▶▶ **Excuse me, what's the check-in time? I'd like to check in now.**

🙂 What's the 〜 time? の〜は入れ換え可。**例** What's the departure time?

▶▶ **It's 2 p.m. You can check in now, but we'll charge you an early check-in fee.**

🙂 charge は「料金を課す、料金」の意味があります。

▶▶ **Could you keep my luggage until the check-in time?**

🙂 「預かる」は keep です。

▶▶ **I'd like to extend my check-out time till 1 p.m.**

🙂 I'd like to stay until 1 p.m. でも OK です。

▶▶ **You can use the room until 12, but the room is not available after that.**

🙂 available は「利用できる」を意味する。

▶▶ **I'd like to extend my stay for two nights.**

🙂 「延ばす」は extend です。

▶▶ **Let me check. OK. You can stay in the same room.**

🙂 let me の t は脱落し、「レッミー」に聞こえます。

UNIT 31 チェックイン③
～朝食はいつ、どこで～

朝食はいつ、どこで?	□ □ いつ、どこで朝食をとれますか？ ▶ When and where ~?
	□ □ 2階のレストラン「アゼーリア」で午前7時から正午までです。 ▶ It's served ~.
	□ □ どのようなタイプの朝食ですか？ ▶ What type ~?
	□ □ バイキング形式です。さまざまな新鮮な食べ物をお楽しみいただけますよ！ ▶ It's ~.
自分で荷物を運ぶ	□ □ お荷物を運びましょうか？ ▶ Do you need ~?
	□ □ 自分で運びます。エレベーターはどこですか？ ▶ I'll carry ~.
	□ □ 廊下の突き当たりでございます。 ▶ It's at ~.

90

✍ 旅行英会話の**カギ**

　チェックイン手続きが終わったら、ホテル内の施設等の場所が気になるものですね。また、荷物を自分で運ぶ場合は、I'll carry it by myself.とその旨をはっきり告げましょう。イギリス英語では「エレベーター」はliftです。エレベーターが満員でなかなか降りられない時はExcuse me, this is my floor.と大きな声で言いましょう。

42

▶▶ **When and where can I have breakfast?**
　😊 have lunch、have dinner も覚えましょう。

▷▶ **It's served in Restaurant Azalea on the second floor from 7 a.m. to noon.**
　😊 be served は「出される」を意味する。

▷▷ **What type of breakfast is it?**
　😊 What type of ～? は応用可能。 例 What type of room is it?

▷▷ **It's a buffet style. You can enjoy a variety of fresh food!**
　😊 「バイキング」は和製英語です。

▷▶ **Do you need help with your luggage?**
　😊 with 以下は入れ換え可。 例 Do you need help with your homework?

▷▶ **I'll carry it by myself. Where is the elevator?**
　😊 「自分で」は by myself です。

▷▶ **It's at the end of the hallway.**
　😊 「～の突き当たり」は at the end of ～ です。

第**3**章

ホテル編

UNIT 32 交通手段の手配

繰り返し学習 Check! ▶ 1 2 3 4 5 □□□□□

タクシーを呼んでもらう

□
□

タクシーを呼んでもらえますか？

▶ Can you ～?

□
□

かしこまりました。
10分後にホテルの前に参ります。

▶ It'll be ～.

□
□

ここからモダンミュージアムまでの運賃は
いくらでしょうか？

▶ How much ～?

□
□

15ドルくらいのはずです。

▶ It should ～.

シャトルバスの頻度は?

□
□

ABCショッピングセンターへのバスは
どれくらいの頻度で運行していますか？

▶ How often ～?

□
□

30分ごとです。ホテルの前から出発します。

▶ Every ～.

□
□

何時に次のバスは出ますか？

▶ What time ～?

92

✍ 旅行英会話の**カギ**

海外旅行先では、タクシーの予約はホテルでしてもらうこともできます。安心できるタクシーならば、次の日から指名して利用するのがいいでしょう。ホテルから出ているシャトルバスも利用しましょう。How often does ＋主語＋動詞原形？（どれくらいの頻度で主語は〜しますか？）を身に付けましょう。

🔊
43

▶▶ **Can you call a taxi for me?**
　　😊 taxi の代わりに cabでも OKです。

▶▶ **Certainly, ma'am. It'll be in front of this hotel in 10 minutes.**
　　😊「in ＋時間」は「〜後」です。

▶▶ **How much will the fare be from here to the Modern Museum?**
　　😊 fare は「運賃」、fee は「料金」です。

▶▶ **It should be about $15.**
　　😊 should は「はずである」を意味します。

▶▶ **How often does the shuttle bus to the ABC shopping center run?**
　　😊 How often 〜? は頻度を聞く万能表現です。

▶▶ **Every 30 minutes. It leaves from in front of the hotel.**
　　😊「〜から出発する」は leave from 〜です。hotel は「ホテ(ゥ)」がネイティブ発音。

▶▶ **What time does the next bus leave?**
　　😊 What time は「ワッタイ(ム)」、next bus は「ネキスバス」と発音するとネイティブ感覚。

第3章

ホテル編

93

UNIT 33 トラブル①
～部屋で～

部屋の電気がつかない	□□	1502号室の谷真理です。部屋の電気がつきません。
		▶ This is 〜.
	□□	カードキーを壁のケースにしっかり差し込んでくださいませんか？
		▶ Could you please 〜?
部屋の掃除がされていない	□□	私の部屋の掃除がまだされていません。散らかっています。
		▶ My room 〜.
	□□	申し訳ございません。すぐに誰かを行かせます。
		▶ I'll send 〜.
	□□	昼食に出ます。2時までには部屋を掃除してくれますか？
		▶ I'm leaving 〜.
エアコンが音をたてる	□□	エアコンがうまく作動しません。大きな音をたてます。
		▶ The air conditioner 〜.
	□□	かしこまりました。すぐに手配いたします。
		▶ I'll take 〜.

✍ 旅行英会話の**カギ**

> ホテルの部屋でホッとしようと思ったのに、部屋の電気もエアコンも
> つかない、掃除もできてない！ なんて経験したことありませんか？ 機
> 械類が動かない場合は ～ doesn't work.（～は作動しません）の～に
> 名詞を入れ換えて自由自在に使えます。私はカードキーの接触が悪くて
> 電気がつかないだけでなく、エレベーターも使えず困った経験がありま
> す。

44

▶▶ ## This is Mari Tani in room 1502. The light in my room doesn't work.

💬 「This is ＋名前」は電話で名乗る場合の基本表現。My name is ～. とは
言いません。

▶▶ ## Could you please insert your card key firmly into the card key switch?

💬 「差し込む」は insert、「しっかり」は firmly です。

▶▶ ## My room hasn't been cleaned yet. It's messy.

💬 「散らかっている」は messy です。

▶▶ ## I'm sorry. I'll send someone up right away.

💬 send someone up は「誰かを（上に）行かせる」を意味します。

▶▶ ## I'm leaving for lunch. Could you clean the room by two?

💬 by two は「2時までには」を意味します。

▶▶ ## The air conditioner isn't working well. It's making a lot of noise.

💬 make a lot of noise は「大きな音をたてる」を意味する。

▶▶ ## OK. I'll take care of it right away.

💬 take care of ～は「～を責任もって引き受ける」を意味するので応用範囲
が広い。

UNIT 34 トラブル②

～お湯が…～

繰り返し学習Check! ▶ 1 2 3 4 5 □□□□□

お湯が 出ない	□ □	お湯が出ないんです。

▶ There's no ~.

	□ □	今、多くの人が使用しています。 もう少しお待ちいただけますか?

▶ A lot of people ~.

バス タオルが ない	□ □	バスタオルがありません。バスタオルを いただけますか?

▶ There's no ~.

	□ □	はい。すぐにお持ちします。

▶ I'll bring ~.

金庫 浴槽 トイレの トラブル	□ □	金庫が開きません。

▶ I can't ~.

	□ □	浴槽の栓が閉まりません。 トイレの水が流れません。

▶ The plug ~.

	□ □	すぐに確認いたします。

▶ We'll ~.

96

✍ 旅行英会話の**カギ**

「There's no ＋名詞」の名詞にtoilet paper, soap, hot water, dryer など、色々な名詞を入れ換え自由自在に使えます。簡単ですね。お湯が出ない場合は、宿泊客が同じ時間帯に使っていることも多いです。お湯が出ない時にHot water, please.なんてお願いしたら、お湯が入ったポットを持ってこられますよ。

45

There's no **hot water.**

⊖ 「There's no ＋名詞」の形です。

A lot of people **are using it now. Could you wait a little bit?**

⊖ 会話では many people より、a lot of people を使います。

There's no **bath towel. Can I have some bath towels?**

⊖ bath の th の音は舌を噛んで発音しましょう。

OK. I'll bring **some right away.**

⊖ 「すぐに」は、[t ＋ a]の連結で right away 「ライタウェイ」でネイティブ発音。

I can't **open the safety box.**

⊖ can't はアメリカ英語では「キャン(ト)」、イギリス英語では「カーン(ト)」と発音。

The plug **in the bathtub doesn't work. The toilet won't flush.**

⊖ plug は「栓」、flush は「水を流す」を意味する。

We'll **check on it right away.**

⊖ [k ＋ o]の連結で、check on は「チェッコン」でネイティブ発音。

UNIT 35 トラブル③
～誰か見に来てください～

繰り返し学習Check! ▶ □□□□□ 1 2 3 4 5

シャワーが出ない トイレが詰まっている	□ □	シャワーが出ません。トイレも詰まっています。
		▶ The shower ~.
	□ □	メンテナンス係がすぐにそちらにお伺いします。
		▶ The maintenance person ~.
誰かに来てもらう	□ □	テレビがうまく作動しません。 画面が映らないのです。
		▶ My TV ~.
	□ □	どなたかに見に来ていただけませんか？
		▶ Could you send ~?
部屋を替えてほしい	□ □	私の部屋は通りに面した2階です。 うるさいです。
		▶ My room is on ~.
	□ □	隣の部屋もうるさいです。別の部屋に替えていただけますか？
		▶ The room next door ~.
	□ □	375号室に移っていただけます。
		▶ You can switch ~.

旅行英会話の**カギ**

　お湯がやっと出てお風呂にお湯がはれたのに、今度はシャワーが使えなかったり…そんな経験はないですか？　私は一息つこうとI turned on the TV.（テレビをつけた）したらThere was no picture.（画面が映らなかった）の経験があります。ここでは、〜＋doesn't work.（〜は作動しません）There's no 〜 .（〜がありません）を復習しましょう。

46

▶▶ ## The shower **doesn't work.** The toilet is blocked.

　😊 be blocked は「詰まっている」を意味する。

▶▶ ## The maintenance person **will be up soon.**

　😊 will be up は「上に行く」。will be there は上に行く場合も下に行く場合も使える。

▶▶ ## My TV **isn't working well.** There's no picture.

　😊「画面」は picture です。

▶▷ ## Could you send **someone up to look at it?**

　😊 send someone up は「人を上に送る」。send someone なら上でも下でも使える。

▶▶ ## My room is on **the second floor on the street side.** It's noisy.

　😊「通りに面した」は on the street side です。

▶▶ ## The room next door **is noisy too. Could you change me to another room?**

　😊「change ＋目的語＋to 〜」は「目的語を〜に移動させる」です。

▶▶ ## You can switch **to room 375.**

　😊 switch to 〜は「〜へ移る」。

ホテル
サービス

繰り返し学習Check! ▶ 1 2 3 4 5 □□□□□

30分後に来てほしい

□□ どちら様ですか？

▶ Who ~?

□□ ハウスキーピングです。
ベッドメイキングに来ました。

▶ I'm here to ~.

□□ 30分後に来てもらえますか？

▶ Could you ~?

洗濯をしてほしい

□□ 洗濯物を取りに来てくれますか？

▶ Could you ~?

□□ このジャケットのシミを明日の朝の9時までに抜いてもらえますか？

▶ Could you ~?

□□ OKですよ。やってみましょう。
たぶん6時までにできると思います。

▶ We'll ~.

□□ 私のスーツにアイロンをかけてくれますか？

▶ Could you ~?

旅行英会話の**カギ**

海外でのフレンドリーなハウスキーピングとのやりとりもGood morning.の明るい挨拶から始まり、楽しいものです。部屋のクリーニングやベッドメイキングが不要の場合はDo not disturb.の札を掲げておきましょう。また、見知らぬ土地で服にシミがついた場合などは、ホテルのクリーニングでシミ抜きをしてもらうのが一番安心です。

47

Who is it?
🔵 Who are you? は非常に無礼なので Who is it? を使いましょう。

Housekeeping. I'm here to make the bed.
🔵 make the bed は「ベッドメイキングをする」です。

Could you come back in half an hour?
🔵 in half an hour は「30分後に」。部屋に入ってもらう場合は Please come in.

Could you come to pick up my laundry?
🔵 「取る」は pick up、「洗濯物」は laundry です。

Could you remove the stain on this jacket by 9 a.m. tomorrow?
🔵 「シミを抜く」は remove the stain です。

OK. We'll try. It'll probably be ready by 6.
🔵 be ready は「出来上がる」。 例 It'll be ready soon. (すぐにできます)

Could you iron my suit?
🔵 「アイロンをかける」は iron で、発音は「アイアン」です。

施設利用・
チェックアウト

繰り返し学習Check! ▶ 1 2 3 4 5 ☐☐☐☐☐

施設の 利用時間 を聞く	☐ ☐	室内プールを使用したいのです。 1時間いくらですか？

▶ I'd like to ～.

	☐ ☐	お客様は無料でご利用いただけます。 ジムも無料でお使いいただけます。

▶ It's free for ～.

	☐ ☐	室内プールは何時に開いて何時に閉まりますか？

▶ What time ～?

	☐ ☐	午前9時に開いて午後9時に閉まります。

▶ It opens ～.

特別割引 が適用 されて いない	☐ ☐	税込で560ドル85セントになります。

▶ The total ～.

	☐ ☐	え～。20%の特別割引が適用されていません。

▶ The 20% ～.

	☐ ☐	申し訳ございません。 今すぐ請求書を修正いたします。

▶ We'll correct ～.

✍ 旅行英会話の**カギ**

チェックアウトするときは、I'd like to check out, please. でOK。請求書が渡され、overcharge（過剰請求）やundercharge（過小請求）だった場合は質問しましょう。英会話初心者だった頃、I think I was overcharged. と言うとEverything is itemized.（すべては項目別になっています）と、項目（item）を説明してもらった思い出があります。

48

I'd like to use the indoor pool. How much is it per hour?

😊 per hour は「1時間につき」、per day は「1日につき」です。

It's free for guests. You can use the gym for free too.

😊 「無料」は free です。

What time does the indoor pool open and close?

😊 [t＋t]は前のtが脱落。what time「ワッタイ(ム)」でネイティブ発音です。

It opens at 9 a.m. and closes at 9 p.m.

The total comes to $560.85, including tax.

😊 語尾のl 日本語の「ウ」に近い音になり total は「トータゥ」でネイティブ発音。

Oh, no. The 20% special discount hasn't been applied to my bill.

😊 be applied to ～は「～に適用される」です。

We're sorry about that. We'll correct the bill right away.

😊 correct は「修正する」、collect（集める）と発音を間違えないように。

ホテルの単語

受付	reception
受付係	receptionist
コンシェルジュ	concierge
ハウスキーピングスタッフ	housekeeping staff
宿泊カード	registration card
前金	deposit
満室	no vacancy
空室あり	vacant
予備のベッド	extra bed
キッチン（風呂）付	with a kitchen［bathtub］
寝室・リビング等がひと続きの部屋	suite room
インターネット接続が可能な部屋	room with internet
階段	stairs
宴会場	banquet hall
貴重品	valuables
冷蔵庫	refrigerator
製氷機	ice dispenser
エアコンのスイッチ	switch for an［the］air conditioner
気温	temperature
調整する	adjust
電球	light bulb
コンセント	outlet
スタンド照明	floor lamp
有料テレビ	pay-TV
モーニングコール	wake-up call
目覚まし時計	alarm clock
内線電話	extension call
市内電話	local call

第**4**章

飲食編

注文するためのフレーズも大事ですが、
相手が何を言っているかわからなければ
どうしようもないことも多いです。
相手のフレーズをしっかり聞き取ることができるように、
聞くことに集中するトレーニングも
たくさんすれば、
コワイものなしです！

繰り返し学習Check! ▶ 1 2 3 4 5 □□□□□

予約する
□
□
はい。こちらカメリアレストランで
ございます。

▶ This is ~.

□
□
今晩7時に2人で予約したいのですが。

▶ I'd like to ~.

テーブル
を指定
する
□
□
眺めの良いテーブルはありますか？

▶ Do you have ~?

□
□
7時にはテーブルはご用意できませんが、
8時ならご用意できます。

▶ We have ~.

□
□
そうします。8時に行きます。
私の名前は佐藤太郎です。

▶ We'll come ~.

ドレス
コードは?
□
□
ドレスコードはありますか？

▶ Do you have ~?

□
□
はい、男性はジャケットとネクタイを
ご着用ください。

▶ men have to ~.

✍ 旅行英会話の**カギ**

　実際には I'd like to reserve a table. と言うと How many people? と聞かれ、For two people for seven o'clock. 程度の会話のこともあります。電話での予約は用件を紙に書いて伝えましょう。「I'd like to make a reservation for ＋人数＋ for ＋時間」の人数と時間を書いて、それを読んで伝えれば、鬼に金棒です！

49

Hello. This is Camellia Restaurant.

Hello. This is ～ . は電話を受ける際のお決まりフレーズです。

I'd like to make a reservation for two for seven o'clock tonight.

for で人数や時刻を指定します。

Do you have a table with a nice view?

table は l の音は舌を上の歯の裏側につけて「テイブ（ゥ）」と発音します。

We have no tables for seven, but we have one at eight.

one は「table」を意味します。

OK. We'll come at eight. My name is Taro Sato.

We'll come. は「そちらに行きます」を意味する。We'll go. とは言いません。

Do you have a dress code?

「ドレスコード（服装規定）」は dress code です。

Yes, men have to wear a jacket and a tie.

jacket は「ジャキッ（ト）」と発音します。

第**4**章　飲食編

107

39 入店する

繰り返し学習 Check! ▶ □□□□□
1 2 3 4 5

予約して いない	□ □	予約はしていません。 3人用のテーブルはありますか？

▶ I don't have ～.

	□ □	申し訳ございませんが、 空いているテーブルはございません。

▶ there are no ～.

待ち 時間は？	□ □	待ち時間はどれくらいですか？

▶ How long ～?

	□ □	そんなに長くはないです。 20分くらいのはずです。

▶ It's not ～.

	□ □	そうですね、また別の機会にお願いします。

▶ maybe ～.

予約して いる	□ □	山田の名前で8時に予約しています。

▶ I have ～.

	□ □	いらっしゃいませ！ テーブルをご用意しております。

▶ We have ～.

✍ 旅行英会話の**カギ**

レストランの予約をしている場合は、「I have a reservation under ＋名前＋ for ＋時刻」のフレーズを身に付けましょう。How long is the wait? (待ち時間はどれくらいですか？) はレストランだけでなく、待ち時間を尋ねるいろいろな場面で使えます。

🔊
50

▶▶ **I don't have a reservation. Do you have a table for three?**

💬 Do you have a table for ～？の～には人数を入れ換え自由自在。

▶▶ **I'm sorry, but there are no tables available.**

💬 available は「利用できる、空いている」を意味し、名詞を後ろから修飾する。

▶▶ **How long is the wait here?**

💬 the wait は「待ち時間」を意味します。

▶▶ **It's not long. It should be 20 minutes.**

💬 should は「はずです」を意味します。

▶▶ **Well, maybe another time, then.**

💬 断る時のお決まりフレーズ。another は「別の」を意味する。

▶▶ **I have a reservation under Yamada for eight o'clock.**

💬 「under ～」で「～の名前で」。

▶▶ **Welcome! We have a table ready for you.**

💬 テーブルが準備できてない時は We'll set the table for you. (テーブルを準備します)。

注文する①

~メニュー~

繰り返し学習Check! ▶ □□□□□
1 2 3 4 5

メニュー がほしい	□ □	すみません。メニューをもらえますか？
		▶ Can I ~?

	□ □	何がおすすめですか？ 本日の特別メニューは何ですか？
		▶ What do you ~?

	□ □	本日の特別料理はグリルサーモンです。
		▶ Today's special ~.

	□ □	セットコースはありますか？
		▶ Do you ~?

もっと 時間が ほしい	□ □	ご注文はお決まりになりましたか？
		▶ Are you ~?

	□ □	まだ決めていません。もっと時間が必要です。
		▶ We haven't ~.

	□ □	ご注文がお決まりになりましたら お呼びください。
		▶ Please call ~.

旅行英会話の**カギ**

> What do you recommend?はいろいろな場面に使えます。メニューの基本は、「前菜」＝Appetizer、Starter。「メインディッシュ」＝Main dish、Entrée。「付け合せ」＝Side order、Garnishです。そして「デザート」＝Dessertです。注文はゆっくりでもOKです。We need more time.（もっと時間が必要です）と言いましょう。

🔊
51

▶▶ **Excuse me. Can I have a menu?**
　❸ Can I ～？は「キャナイ」と発音します。

▶▶ **What do you recommend?　What's today's special?**
　❸ What's the house special?（お店のご自慢の料理は何ですか？）

▶▶ **Today's special is grilled salmon.**
　❸ 語尾に n が来たときは「ヌ」の余韻が残り、salmon「サーモヌ」と発音。

▶▶ **Do you have set courses?**
　❸ Do you have ～？の～に料理名を入れて応用自由自在。

▶▶ **Are you ready to order?**
　❸ Are you ready to ～は応用可。**例** Are you ready to go?（行く準備はできた？）

▶▶ **We haven't decided yet. We need more time.**

▶▶ **Please call me when you decide your order.**
　❸ 語尾に l がある場合は日本語の「ウ」に近い音。call me は「コーゥミー」に聞こえる。

第4章 飲食編

111

注文する②
~オーダーする~

繰り返し学習Check! ▶ 1 2 3 4 5 □□□□□

注文 したい	すみません。オーダーを取ってもらえますか？ ▶ Could you ~?
	最初にお飲み物を何かお持ちしましょうか？ ▶ Can I ~?
	もちろん！ ミネラルウォーターのボトルがほしいです。炭酸抜きでお願いします。 ▶ I'd like ~.
前菜は いらない	前菜は何になさいますか？ ▶ What would you like ~?
	前菜は必要ありません。 メインディッシュだけで十分です。 ▶ I don't need ~.
食後に ほしい	コーヒーはお食事と一緒か、それともお食事の後にお持ちしましょうか？ ▶ Would you like ~?
	カフェイン抜きのコーヒーを食後にいただきたいです。 ▶ I'd like some ~.

✍ 旅行英会話の**カギ**

52

▶▶ **Excuse me. Could you take our order?**

　take one's order は「注文をとる」。

▶▶ **Can I get you some drinks to start with?**

　start with 〜は「〜で始める」。**例** start with beer（ビールで始める）

▶▶ **Sure! I'd like a bottle of mineral water. Non-carbonated, please.**

　「炭酸抜き」は non-carbonated です。

▶▶ **What would you like to have as an appetizer?**

　「前菜」は appetizer です。

▶▶ **I don't need an appetizer. The main dish is enough for me.**

　be enough for 〜は「〜には十分な」を意味します。

▶▶ **Would you like your coffee with or after the meal?**

　with the meal は「食事と一緒に」、after the meal は「食事の後に」。

▶▶ **I'd like some decaf coffee after the meal, please.**

　「カフェイン抜きの」は decaf です。

第**4**章　飲食編

113

注文する③

~飲み物~

繰り返し学習Check! ▶ □□□□□
1 2 3 4 5

飲み物を頼む	□ □	お食事と一緒のお飲み物は何になさいますか？	≋🗣
		▶ What would you like ~?	

	□ 🗣≋	ワインリストを見せてもらえますか？ ハウスワインはありますか？	
	□	▶ Can I see ~?	

含まれている？	□ 🗣≋ □	コーヒーはこのセットメニューに含まれていますか？	
		▶ Is coffee ~?	

	□ □	コーヒーは無料でおかわりしていただけます。	≋🗣
		▶ you can ~.	

量はどれくらい？	□ □	どのサラダになさいますか？	≋🗣
		▶ What salad ~?	

	□ 🗣≋ □	シーザーサラダをフレンチドレッシングでお願いします。	
		▶ Caesar salad ~.	

	□ 🗣≋ □	このサラダの量はどれくらいですか？	
		▶ How large ~?	

✍ 旅行英会話の**カギ**

国によって1人前の量が違います。How large is＋料理名？を覚え
ているといろいろと応用できます。料理の量が多すぎて途中でCan I
cancel～？　と料理の一品をキャンセルしたり、残してしまったりす
るより、Can I get a half portion?（半分の量でいただけますか？）
と聞いてみるのもよいでしょう。

53

▶▶ What would you like to drink with your meal, sir?

🔵 would you like は do you want の丁寧な形。

▶▶ Can I see your wine list? Do you have a house wine?

🔵 house wine は「レストラン専用に醸造されたワイン」で、価格もお手頃。

▶▶ Is coffee included in this set menu?

🔵 be included は「含まれる」。set menu は「セッ（ト）メニュー」で t の
音は脱落。

▶▶ Yes, you can get free refills of coffee.

🔵 「無料のおかわり」は free refill。

▶▶ What salad would you like?

🔵 「What ＋名詞＋ would you like?」は名詞を入れ換え自由自在。

▶▶ Caesar salad with French dressing, please.

🔵 salad は「サラッ（ド）」と発音、d の音は脱落します。

▶▶ How large is this salad?

🔵 How large is ＋料理名？　**例** How large is this pizza?（このピザ
の大きさは？）

第**4**章 飲食編

115

繰り返し学習Check! ▶ 1 2 3 4 5 □□□□□

小皿が ほしい	□ □	そのサラダは二人分は十分ありますよ。

▶ That salad is 〜.

	□ □	分けて食べたいです。小皿をもらえますか？

▶ We'd like to 〜.

料理を 交換 したい	□ □	本日のスープはオニオンポタージュです。

▶ Today's soup 〜.

	□ □	オニオンスープの代わりにポテトスープを もらえますか？

▶ Can I have 〜?

後で注文 したい・ おかわり したい	□ □	デザートは何になさいますか？

▶ What would you 〜?

	□ □	デザートは不要です。お腹と相談します。 デザートは後で注文します。

▶ I'll skip 〜.

	□ □	もっとガーリックパンをもらえますか？

▶ Can I have 〜?

✐ 旅行英会話の**カギ**

Do you have any food allergies?（何か食物アレルギーをお持ちですか？）やIs there anything that you can't eat?（食べられない物はありませんか？）と聞いてくれることも多いです。セットメニューに嫌いな食材が入っている場合などは、Can I have A instead of B?（Bの代わりにAをいただけますか？）と聞いてみましょう。

54

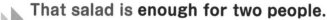

▶▶ **That salad is enough for two people.**
😊 Is this salad enough for two people? と聞けるようになりましょう。

▷▶ **We'd like to share our food. Can we get some small plates?**
😊 「分ける」は share、「小皿」は small plate です。

▷▶ **Today's soup is onion potage soup.**
😊 onion は「玉ねぎ」です。

▷▶ **Can I have potato soup instead of onion soup?**
😊 instead of ～は「～の代わりに」を意味する。

▷▶ **What would you like for dessert?**
😊 dessert は「ディザート」、desert（砂漠）は「デザト」です。

▷▶ **I'll skip the dessert. I'll let my stomach talk. I'll order dessert later.**
😊 skip は「飛ばす＝不要だ」を意味します。

▷▶ **Can I have more garlic bread?**
😊 パンのおかわりが有料の場合は Bread is $2. Would that be OK? と返答されるかも。

第4章 飲食編

繰り返し学習Check! ▶ □□□□□
_{1 2 3 4 5}

おすすめ の郷土 料理は?	□ □	郷土料理を食べたいのですが。 おすすめは何ですか? ▶ I'd like to 〜.
	□ □	シオピーノをおすすめしますよ。 有名なサンフランシスコのシチューです。 ▶ I recommend 〜.
料理の中 には何が 入って いる?	□ □	それはどんな料理ですか? 中には何が入っていますか? ▶ What's 〜?
	□ □	トマトのスープに カニと季節の魚が入っています。 ▶ It's made 〜.
それに します	□ □	おいしそうですね。それにします。 ▶ It sounds 〜.
	□ □	季節の野菜がついて、ライス、ベイクドポテト、 フレンチフライの中からお選びいただけます。 ▶ It's served with 〜.
	□ □	ベイクドポテトをお願いします。 ▶ Baked 〜.

✎ 旅行英会話の**カギ**

旅行中 local food（郷土料理）に是非トライしたいですね！ 料理の食材を知りたいときは、What's in it? を使いましょう。ポテトは mashed potatoes（ゆでつぶしたポテト）、french fries（フライドポテト）、baked potatoes（皮ごと焼いたジャガイモ）などがあります。

55

I'd like to **have some local food. What do you recommend?**
😊 What's your local specialty? と聞いても OK です。

I recommend **"Cioppino". It's a popular San Francisco stew.**
😊 stew は「ストゥー」がネイティブ発音です。

What's **it like? What's in it?**
😊 What are the ingredients? でも OK です。

It's made **with crab and seasonal fish in tomato broth.**
😊 「カニ」は crab、「季節の」は seasonal、「だし汁スープ」は broth。

It sounds **good. I'll try it.**
😊 初めての料理を食べる時は try を使う。

It's served with **seasonal vegetables and a choice of rice, baked potatoes or french fries.**
😊 a choice of A or B は「A か B か選べる」を意味する。

Baked **potatoes, please.**
😊 「料理名, ＋ please.」でカンタンに注文できます。

繰り返し学習Check! ▶ 1 2 3 4 5 □□□□□

感想を言う		いかがですか？
		▶ How's ~?

		すべてがおいしいです。ありがとう。
		▶ Everything's ~.

料理をキャンセル・量を半分に		まだ料理をつくり始めていないならロールキャベツをキャンセルしたいです。
		▶ If you haven't ~.

		または、量を半分にしていただけますか？
		▶ Or can ~?

まだ食べています		お食事はお済みですか？
		▶ Are you ~?

		まだ食べています。
		▶ We're ~.

		シェフに、おいしかったとお伝えください。
		▶ Please send ~.

✒ 旅行英会話の**カギ**

海外のレストランでは受け持ちが決まっていることが多いです。英会話初心者の頃、ウェイターに More bread, please. と声をかけると、This is not my station.（私の担当ではありません）と返答されました。当時の私は station が「持ち場」の意味も持つと知りませんでした。このウェイターは「この近くの駅に住む人ではない」と勘違いしました。

56

How's **everything?**

🔑 食事中に声をかける時だけではなく、「調子はどう、元気？」の意味も持つ。

Everything's **great, thank you.**

🔑 問題がある場合は、P. 125 を応用させて言いましょう。

If you haven't **started, I'd like to cancel the stuffed cabbage.**

🔑 「ロールキャベツ」は stuffed cabbage です。

Or can I **have a half portion?**

🔑 portion は「1人前」、a half portion は「半人前」です。

Are you **finished?**

🔑 職場では、「もう仕事終わった？」の意味になります。

We're **still eating.**

🔑 食べ終わった場合は、I'm finished. Could you bring the dessert, please? など。

Please send **my compliments to the chef.**

🔑 compliment は直訳すると「褒め言葉」です。

第4章 飲食編

121

UNIT 46 困ったとき①
～料理がまちがっている～

繰り返し学習 Check! ▶ □□□□□□

料理が違う・待ち時間が長い	□□	これは私が注文した料理ではないです。 ▶ This is ~.
	□□	30分も料理を待っています。 ▶ We've ~.
	□□	本当に申し訳ございません。厨房にすぐにご注文を用意するように言います。 ▶ I'm really ~.
グラスが割れている・テーブルがべたついている	□□	このグラスはひび割れていますし、テーブルはべたついています。 ▶ This glass ~.
	□□	申し訳ございません。すぐにテーブルを拭いて新しいグラスをお持ちします。 ▶ Sorry ~.
ジュースをこぼした・ナイフを落とした	□□	私の子供がジュースをこぼして、私はナイフを落としました。 ▶ My kid ~.
	□□	すぐに対応させていただきます。 ▶ I'll take ~.

122

✑ 旅行英会話の**カギ**

ノンネイティブの英語は注文時に間違えられることも多いです。注文した料理と違うものが来たときはThis is different from my order. と苦情を言いましょう。sirloin steakとsalmonを聞き間違えられた話も聞きます。そんなことが起こらないように、常日頃より正しい発音を身に付けましょう。

🔊
57

▶▶ **This is different from my order.**

    This is different from what I ordered. も同じ意味です。

▶▶ **We've been waiting for our order for half an hour.**

   「30分（半時間）」は half an hour です。

▶▶ **I'm really sorry. I'll ask the kitchen to make your order right away.**

    make your order は「注文の品を作る」です。

▶▶ **This glass has a crack and this table is sticky.**

    crack は「ひび割れ」、sticky は「べたべたしている」。

▶▶ **Sorry about that. I'll wipe your table and bring a new glass soon.**

    wipe は「拭く」です。

▶▶ **My kid spilled some juice and I dropped my knife.**

   「こぼす」は spill、「落とす」は drop です。

▶▶ **I'll take care of it right away.**

    take care of ～は「～を責任もって引き受ける」を意味するので応用範囲が広い。

第**4**章 飲食編

UNIT 47 困ったとき②
～料理が冷めている～

繰り返し学習Check! ▶ □□□□□
_{1 2 3 4 5}

冷めている	□ □	この料理は冷めています。
		▶ This food ～.

ゆで過ぎ・焼き過ぎ	□ □	このスパゲティはゆで過ぎですし、このステーキも焼き過ぎです。
		▶ This spaghetti ～.

生焼け	□ □	このチキンは中が生焼けです。
		▶ This chicken ～.

何か入っている	□ □	料理の中に髪の毛が入っています。
		▶ There's a ～.

炭酸が抜けている	□ □	コーラの炭酸が抜けています。トーストは焼けすぎです。お米が固いです。
		▶ This Coke ～.

～抜きを頼んだ	□ □	トマト抜きのサンドイッチをお願いしたのにトマトが入っています。
		▶ I ordered ～.

	□ □	本当に申し訳ございません。すぐに新しいお料理をお持ちします。
		▶ I'll bring ～.

124

 旅行英会話の**カギ**

> 私は、生焼けのチキン（undercooked chicken）を食べてしまい、じんましん（rash）と下痢（diarrhea）で苦しんだ経験があります。～ is cold.（～は冷めている）、～ is overcooked.（～はゆで過ぎ）、～ isn't cooked inside.（～は生焼け）、There's ～ in it.（～が入っている）、I ordered it without ～.（～なしで注文した）の～は入れ換え自由自在です。

58

This food **is cold.**

🔵 food を soup などに入れ換え可能です。

This spaghetti **is overcooked and the steak is overcooked, too.**

🔵 spaghetti をいろいろな食べ物に入れ換え可能です。

This chicken **isn't cooked inside.**

🔵 chicken を pizza、fish など様々な食材に入れ換え可能。be undercooked でも OK。

There's a **hair in my food.**

🔵 My food has a hair in it. も OK。There's ～ . の～に some dirt、a bug なども可。

This Coke **is flat. The toast is burnt. The rice is undercooked.**

🔵「炭酸が抜けている」は flat です。

I ordered **a sandwich without tomato, but this has tomato.**

🔵 I ordered it without ～ . の～を入れ換え自由自在です。

I'm really sorry. I'll bring **your new dish right away.**

🔵 [t + a] が連結して right away は「ライタウェイ」がネイティブ発音。

第4章 飲食編

繰り返し学習Check! ▶ 1 2 3 4 5 □□□□□

勘定書が ほしい	勘定書を持ってきていただけますか？ お勘定は別々でお願いします。
	▶ Could you~?

	私はこのお勘定はどこか間違っていると 思います。
	▶ I think ~.

	サービスチャージが含まれております。
	▶ The service ~.

	今日は日曜なので、日曜追加料金が発生します。
	▶ Today is ~.

~は 食べて いない	私はイカ墨スパゲティを食べていませんよ。
	▶ I didn't have ~.

	大変申し訳ございません。 すぐに請求書を訂正いたします。
	▶ We'll correct ~.

チップは テーブル に	チップはテーブルに置きました。 いろいろとありがとう。
	▶ I left ~.

✍️ 旅行英会話の**カギ**

伝票に service charge（お店が請求するチップ）が含まれている場合はチップを払う必要はありません。含まれていない場合はアメリカでは subtotal（＝食事）のみの合計の請求額の15%、ヨーロッパでは10%〜15%が標準です。カード支払いの場合は請求金額にチップ分を書き添えます。

59

Could you **please bring us the check? Separate checks, please.**

😊 「勘定書」は check、または bill です。

I think **there's something wrong with this check.**

😊 There's something wrong with this 〜 . の〜は入れ換え自由自在。

The service **charge is included.**

😊 「含まれる」は be included です。

Today is **Sunday, so there's a Sunday surcharge.**

😊 「追加料金」は surcharge です。

I didn't have **Sepia Sauce Spaghetti.**

😊 have は便利な単語でこの場合は「食べる」の意味。Sepia Sauce は「イカ墨」。

I'm really sorry. We'll correct **this check right away.**

😊 「訂正する」は correct です。collect と発音し間違えないように。

I left **the tip on the table. Thank you for everything.**

😊 tip は「ティップ」と発音します。

第4章 飲食編

UNIT 49 ファストフード

繰り返し学習Check! ▶ □□□□□
1 2 3 4 5

ここで食べる	□ □ 🗣	Aセットでダイエットコーラとポテトをお願いします。
		▶ I'll take ~.

	□ □	こちらで召し上がりますか？お持ち帰りですか？ 🗣
		▶ For here ~?

	□ □ 🗣	ここで食べます。ストローとナプキンはどこにありますか？
		▶ For ~.

持ち帰る	□ □ 🗣	持ち帰り用のホットドッグを2つお願いします。
		▶ Two ~.

	□ □	マスタードになさいますか、ケチャップになさいますか？ 🗣
		▶ Would you ~?

	□ □ 🗣	マスタードとマヨネーズをお願いします。
		▶ Mustard ~.

	□ □ 🗣	コーラに無料のドリンククーポンは使えますか？
		▶ Can I ~?

✍ 旅行英会話の**カギ**

　いくつかのサイズがあるポテトやドリンクなどを注文する時は、数→
サイズ→メニューの順番に言います。Two large Cokes（Lサイズの
コーラを2つ）、One small french fries（Sサイズのフライドポテ
トを1つ）etc. です。

🔊
60

▶▶ ## I'll take **Combo A with a Diet Coke and french fries.**

😀 coke は「コーク」と発音。コーラは通じません。

▶▶ ## For here **or to go?**

😀 for と to は軽く発音。here は上げ調子、go は下げ調子です。

▶▶ ## For **here. Where are the straws and napkins?**

😀 here は下げ調子です。

第4章 飲食編

▶▶ ## Two **hot dogs to go, please.**

😀 hot の t が消えて、「ホッドッグ」です。ホとドにアクセントを付けます。

▶▶ ## Would you **like mustard or ketchup?**

😀 Would you like ～? は What do you want ～? の丁寧な表現です。

▶▶ ## Mustard **and mayonnaise, please.**

😀 mayonnaise は「メヤネイズ」と発音します。

▶▶ ## Can I **use this free drink coupon for a Coke?**

😀 coupon はアメリカ英語では「キューパン」と発音することが多いです。

50 バー①

~土地のウィスキーを~

繰り返し学習Check! ▶ □□□□□
_{1 2 3 4 5}

私の勘定につけてほしい	□□	お支払いはどのようになさいますか？ カードにつけておきますか？

▶ How would you ~?

	□□	すべて私の勘定につけておいてください。

▶ Please put ~.

酒を注文する	□□	ご注文は何になさいますか？

▶ What can I ~?

	□□	生ビールを1杯お願いします。

▶ I'd like ~.

	□□	土地のウイスキーはありますか？

▶ Do you have ~?

水割り	□□	水割りをお願いします。

▶ A whisky ~.

おかわりする	□□	同じものをもう1杯おかわりします。

▶ I'd like ~.

✍ 旅行英会話の**カギ**

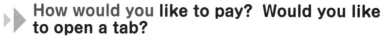

　バーでは基本的に注文する度に現金で支払いますが、たくさん注文する場合や食事を一緒にする場合にはtabを使って支払うことも可。ビールの数量を表す時はA pint of ～を使いましょう。pintは568mlです。UKではUSより20%多いです。「カウンター席になさいますか？」はWould you like to sit at the bar?と聞かれます。

61

How would you like to pay? Would you like to open a tab?

　tab は「つけ払いの勘定」、open a tab は「つけ払いを開始する」＝カード支払い。

Please put all of my drinks on my tab.

　put ～ on my tab は「～を私の勘定につける」です。

What can I get for you?

　「ワッキャナイゲッフォーユー」がネイティブ発音です。

I'd like a pint of draft beer.

　つづりは、UK では draught、US では draft です。発音は同じです。

Do you have a local whisky?

　つづりは、UK では whisky、US では whiskey です。

A whisky with water, please.

　水割りは with water で表します。

I'd like another one, please.

　「同じもの」は another one です。

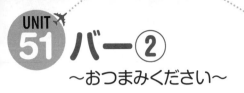

バー②
〜おつまみください〜

おつまみ がほしい	□ □	おつまみは何がありますか？ 果物の盛り合わせがほしいです。 ▶ What snacks 〜?
ストレート	□ □	ウォッカをストレートでお願いします。 ▶ I'd like 〜.
ロック	□ □	ロックでもらえますか？ ▶ Can I get 〜?
度数の 低い カクテル	□ □	アルコール度数の低いカクテルを お願いします。 ▶ I'd like 〜.
あの人と 同じもの	□ □	向こうの女性が飲んでいるのと 同じカクテルをお願いします。 ▶ I'd like the same 〜.
オリジナル カクテル	□ □	わかりました。あちらは当店のオリジナル カクテルです。ワインベースのカクテルです。 ▶ That's our original 〜.
勘定を 締める	□ □	勘定を締めてください。 ▶ I'd like to 〜.

✍ 旅行英会話の**カギ**

おつまみがほしいけどなんて言えば良いんだろう？ そんな時はCan I have a menu of snacks?と言いましょう。I'd like the same ～ that＋主語… . (主語が…しているのと同じ～をいただきたいです) はレストラン、パブだけでなく様々な場面で応用可。I'd like the same dish that she is having. (彼女が食べているのと同じ料理を食べたい)。

🔊
62

▶▶ ## What snacks **do you have? I'd like a fruit platter.**

😊 cheese platter だと「チーズの盛り合わせ」です。

▶▶ ## I'd like **a vodka, straight up, please.**

😊「ストレート」は straight up です。

▶▶ ## Can I get **it on the rocks, please?**

😊「氷の上から注ぐ」と言う意味で over the ice とも言えます。

▶▶ ## I'd like **a cocktail with a low alcohol content.**

😊 A cocktail without much alcohol. でも OK です。

▶▶ ## I'd like the same **cocktail that the woman over there is drinking.**

😊 同じものを飲みたい場合にとても便利な表現。

▶▶ ## OK. That's our original **cocktail. It's a wine-based cocktail.**

😊「ウイスキーベースのカクテル」は whisky-based cocktail です。

▶▶ ## I'd like to **close the tab.**

😊 Check, please でも OK です。

Menu

Appetizer ①
Shrimp Cocktail	$10
House Smoked Salmon	$9
Mediterranean Mussels	$11

Soup & Salad
French Onion Soup	$8
Soup of the Day	$8
Caesar Salad	$15

*Prepared Tableside for Two Persons ②

Meat
Rib Eye Steak	$19
Prime Filet Mignon	$25
Grilled Pork Chops	$22

*All steaks can surf:

Add a Lobster tail for $30 ③

Seafood
Live Maine Lobster	Market Price ④
Grilled Atlantic Salmon	$20
Grilled Pacific Swordfish	$25

Side ⑤
Steamed Asparagus	$8
Baked Potato	$7
Green Beans	$7

Dessert
Homemade ⑥ Vanilla Bean Ice Cream	$8
Chocolate Fudge Cake	$8

Beverage
Coffee (Regular or Decaffeinated) ⑦	$3
Tea (Hot or Iced)	$3
Espresso	$5
Cappuccino	$5

*Free Refill on Regular Coffee and

Iced Tea ⑧

☞ メニューの見方

① 前菜。食前酒という意味もある
② テーブルサイドで2人分のサラダを用意
③ すべてのステーキメニューは、30ドルの追加料金でロブスターテールを追加できるということ
④ 時価のこと。そのときの市場価格によって値段が変わる
⑤ 野菜などの付け合せ料理のこと
⑥ 自家製のこと
⑦ レギュラーかカフェイン抜きかを選ぶ
⑧ レギュラーコーヒーとアイスティーはおかわりできる

飲食の単語

一品料理	à la carte
メインコースの料理	entrée
付け合せ	garnish
オードブル	hors d'oeuvre
夕方早い時間のサービス	happy hour

フランス料理

テリーヌ	terrine
マリネード	marinade
パテ	pâté
コンソメ	consommé
ムニエル	meunière
ポワレ	butter roast
ブイヤベース	bouillabaisse
フォンデュ	fondue
ポトフ	pot-au-feu
エスカルゴ	escargot
舌平目	sole
ムール貝	mussel
オマールエビ	lobster
子牛	veal
鴨	duck
フォアグラ	foie gras
キャビア	caviar

中華料理

ふかひれスープ	shark's fin soup
酢豚	sweet and sour pork
チャーハン	fried rice
餃子	Chinese meat dumpling
メンマ	Chinese bamboo shoot
ピータン	preserved egg
春巻き	spring roll
クラゲの和え物	seasoned jellyfish

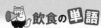

杏仁豆腐	almond jelly
ごま団子	sesame dumpling
味	
辛い	hot / spicy
塩辛い	salty
苦い	bitter
酸っぱい	sour
こってりした	heavy
あっさりしている	light
大味な（薄味の）	bland
固い	hard / tough
油っぽい	oily / greasy
柔らかい	soft / tender
調理法	
生の	raw
味付けする	season
酢漬けにした	pickled
あぶる	broil
網焼きにする	grill
いためる	stir-fry
ゆでる	boil
煮込む	simmer
デザート	
プリン	pudding
ゼリー	jelly
ムース	mousse
ババロア	Bavarian cream
その他	
スクランブルエッグ	scrambled egg
目玉焼き	fried egg
ゆで卵	boiled egg
おとし卵	poached egg
フォッカチオ	focaccia
リゾット	risotto

第**5**章

買い物 編

店員さんなど、会話を交わす機会がとても多いのは
買い物のときですね。
自分の希望や意見がきちんと伝わったら、
ルンルン気分で良いショッピングができます。
服屋・靴屋・アクセサリーショップ・化粧品店などで
使えるフレーズが満載です。
返品や交換のフレーズも覚えておけば、
安心です。

繰り返し学習 Check! ▶ 1 2 3 4 5 □□□□□

| 見ている だけです | ☐☐ | いらっしゃいませ。お伺いしましょうか？ |
| | | ▶ May I ~? |

| | ☐☐ | ちょっと見ているだけです。ありがとう。 |
| | | ▶ I'm just ~. |

| 聞いて もらって います | ☐☐ | 何をお探しですか？ |
| | | ▶ What can I ~? |

| | ☐☐ | 聞いてもらっていますよ。 |
| | | ▶ Someone's ~. |

| やんわり と断る | ☐☐ | いかがなさいますか？ |
| | | ▶ How would ~? |

| | ☐☐ | もう少し見てみます。 |
| | | ▶ I think ~. |

| | ☐☐ | そうですね、今回はやめておきます。 また今度の機会に。 |
| | | ▶ I'll leave it ~. |

May I help you?と声をかけられて無言で立ち去る日本人が多いと言われています。I'm just looking.（ちょっと見ているだけです）や、Someone's helping me.（聞いてもらっていますよ）を身に付けましょう。「ちょっとお願いしたいのですが」と言いたいときはExcuse me. と声をかけて Could you help me? と言いましょう。

63

Hello. May I help you?

😊 「メイヤィヘルピュー」がネイティブ発音です。

I'm just looking. Thank you.

😊 looking の語尾の g は「グ」と発音せず「ン (グ)」と発音するようにしましょう。

What can I do for you, ma'am?

😊 高級店ではこのフレーズが多いです。

Someone's helping me.

😊 同じ意味の I'm being helped. はアメリカ英語。I'm being served はイギリス英語。

How would you like it?

😊 How would you like 〜 ? は応用可。**例** How would you like your steak?

I think I'll look around a bit more.

😊 [k + a] が連結して look around は「ルッカラウン (ド)」がネイティブ発音です。

Well, I'll leave it this time. Maybe next time.

😊 this time を付けることで、また来るかもしれない意味合いが出ます。

服屋①
～サイズ・色・素材～

違う
サイズ

すみません。ちょっとお願いしたいのですが。

▶ Could you ～?

このTシャツのSサイズはありますか？

▶ Do you have ～?

はい。倉庫からすぐにお持ちします。

▶ I'll ～.

違う色

このブレザーで白い色はありますか？

▶ Do you have ～?

申し訳ございませんが、
ただ今在庫を切らしております。

▶ we're out of ～.

素材は?

このセーターの素材は何ですか？

▶ What material ～?

アクリルでできています。
洗濯機で洗えますよ。

▶ It's made of ～.

✍ 旅行英会話の**カギ**

衣服のショッピングをするときは、色、サイズ、素材に関する質問ができると便利です。デザインを気に入っている場合はDo you have the same design in ～?（～で同じデザインはありますか？）のin ～の─には「色」や「サイズ」を入れて自由自在に使えます。衣服だけでなく、靴、指輪などにも使えます。

64

Excuse me. Could you help me?

🔊 Could you は「クッジュー」がネイティブ発音です。

Do you have this T-shirt in a small?

🔊 T-shirt は「ティーシャー（ッ）」がネイティブ発音です。

Yes. I'll get one right away from the stock room.

🔊 get は「持ってくる」、stock room は「倉庫、在庫室」。

Do you have this blazer in white?

🔊 blazer は「ブレイザー」がネイティブ発音。

We're sorry, but we're out of stock right now.

🔊 be out of stock は「在庫を切らせる」。

What material is this sweater made of?

🔊 What is this sweater made of? でも OK。material は「素材」です。

It's made of acrylic. It's machine-washable.

🔊 be made of ～（～からできている）は見た目から素材がわかりやすい場合。

第**5**章 買い物編

服屋②
〜サイズを測って〜

繰り返し学習Check! ▶ □□□□□
1 2 3 4 5

自分の サイズが わからない	□ □	このワイシャツが気に入っているのですが、 自分のサイズがわからないです。
		▶ I like 〜.

	□ □	私のサイズを測っていただけませんか？
		▶ Could you 〜?

	□ □	測らせていただきますね。 あなたのサイズはMです。
		▶ Let me 〜.

	□ □	ありがとう。 ところで、これは形状記憶シャツですか？
		▶ By the way, 〜?

〜と合う	□ □	このワイシャツと合うネクタイを 探しているのですが。
		▶ I'm looking for 〜.

	□ □	私の予算は40ドルから50ドルです。
		▶ My price range 〜.

	□ □	この赤いネクタイはいかがですか？ 100%シルクです。
		▶ How about 〜?

✍ 旅行英会話の**カギ**

海外での衣類の買い物はサイズの表示方法で迷うことも多いです。ジャケットなどは簡単に試着できますが、ワイシャツは試着できないこともあるので、Could you measure me?と聞いて、サイズを測ってもらいましょう。

65

I like this dress shirt, but I don't know my size.
❓ dress shirt は「ワイシャツ」のことです。「ワイシャツ」は和製英語。

Could you measure me?
❓「測る」は measure です。

Let me measure you. Your size is medium.
❓ Let me measure ～ . の～に your waist や bust、shoulder など入れ換え自由自在。

Thanks. By the way, is this a shape-memory shirt?
❓ shape memory は「形状記憶」です。

I'm looking for a necktie that goes with this dress shirt.
❓ go with ～は「～と合う」です。

My price range is from $40 to $50.
❓ price range は「価格帯＝予算」です。

How about this red necktie? It's 100% silk.
❓ How about ～（名詞）？（～はいかがですか）は応用自由自在。

服屋③

～試着～

繰り返し学習 Check! ▶ □□□□□
1 2 3 4 5

試着して 買う	□ □	何にでも合うジャケットを探しています。

▶ I'm looking for ～.

	□ □	この紺色のジャケットはいかがですか？ このデザインは定番です。

▶ How about ～?

	□ □	このデザインが好きです。 試着してもよろしいですか？

▶ May I try ～?

	□ □	いいですよ。どうぞこの大きな鏡を お使いください。

▶ Please use ～.

	□ □	ありがとう。サイズはピッタリだわ。 どうかしら？

▶ This fits ～.

	□ □	紺のジャケットがとてもお似合いですよ！

▶ You look great ～!

	□ □	ありがとう。これにしますよ。

▶ I'll take ～.

I'm looking for ～ that goes with … . (…に合う～を探しています)は、～と…にいろいろな名詞を入れ換えて自由に使えます。May I try ～ on? (試着してもよろしいですか?)の～にはit、this、them などを入れます。

◀))
66

I'm looking for a jacket that goes with anything.

😊 go with ～（～と合う）と match は同じ意味です。

How about this navy blue one? This design is the standard.

😊 イギリス英語では It's a classic design. です。

I like this design. May I try it on?

😊 「それを試着する」は try it on です。

OK. Please use this big mirror.

😊 mirror の発音はミラ (ァ) です。

Thanks. This fits fine. How do I look?

😊 This is just right. も「ピッタリだわ」を意味する。

You look great in this navy blue jacket!

😊 look great の k は脱落して「ルッグレイ (ト)」、jacket は「ジャキッ (ト)」。

Thanks. I'll take it.

😊 I'll buy it. や Please give me this. は不自然なので言わないように。

UNIT 56 服屋④
~サイズが合わない~

繰り返し学習Check! ▶ 1 2 3 4 5 □□□□□

試着する	□□	すみません。このワンピースを試着したいのですが。

▶ I'd like to ~.

□□	試着室はどこですか？

▶ Where is ~?

□□	レジの隣です。試着室までお連れしましょう。

▶ It's next to ~.

サイズが合わない	□□	お気に召しましたか？

▶ How do ~?

□□	これは私には少し大きすぎます。

▶ This is ~.

□□	腰の周りが緩いです。

▶ It's loose around ~.

□□	このワンピースでもっと小さなサイズはありますか？

▶ Do you have ~?

✍ 旅行英会話のカギ

I'd like to try on 〜 . やCan I try on 〜 ?の使い方を覚えましょう。〜には具体的に服、靴、帽子、指輪など試着したいものを入れましょう。It's loose around the 〜 . （〜の周りが緩い）やIt's tight around the 〜 . （〜の周りがきつい）の〜にwaist、neck、shouldersなどを入れ換えて使いこなせるようになりましょう。

67

Excuse me. I'd like to try on this dress.
😊 「ワンピース」は和製英語です。英語で「ワンピース」は dress です。

Where is the fitting room?
😊 「試着室」は fitting room です。change room は「更衣室」です。

It's next to the cashier. I'll show you to the fitting room.
😊 next to は [t＋t] で前の t が脱落し、「ネキスト（ゥ）」。

How do you like it?
😊 どんなお店でもよく使われるフレーズ。like it は「ライキッ（ト）」がネイティブ発音。

This is a little bit too big for me.
😊 a little bit は「リトウビッ（ト）」語尾の t は脱落です。

It's loose around the waist.
😊 around 〜の〜に neck、shoulders など入れ換え自由自在。

Do you have this dress in a smaller size?
😊 Can I have one size smaller, please? でも OK です。

第5章　買い物編

147

寸法を 直したい	□ □	袖が長すぎます。短くできますか？
		▶ The sleeves 〜.

	□ □	もちろんですよ。このお店には 仕立て屋さんがありますから。
		▶ We have 〜.

寸法直し の時間と 値段は?	□ □	寸法直しにどれくらい時間がかかりますか？
		▶ How long 〜?

	□ □	1時間くらいかかります。
		▶ It'll take 〜.

	□ □	お直しはおいくらですか？
		▶ How much 〜?

	□ □	20ドルくらいです。
		▶ It'll 〜.

	□ □	わかりました。2時間後に戻ってきます。
		▶ I'll be 〜.

✍ 旅行英会話の**カギ**

海外旅行先で気に入ったデザインの服があったのに、どのサイズも合わない。そんな時は寸法直しをしてでも購入したいですね。価格とお直しの時間は必ず聞きましょう。ここでは How long will it take to ＋動詞原形？ と How much will ＋名詞＋ cost? の形を定着させましょう。

68

▶▶ ## The sleeves **are too long. Can you shorten them?**

❓「短くする」は shorten、「長くする」は lengthen です。

▶▶ ## Of course. **We have a tailor in this shop.**

❓「仕立て屋」は tailor です。

▶▶ ## How long **will it take to make alterations?**

❓ make alterations は「寸法直しをする」。

▶▶ ## It'll take **about an hour.**

❓ It'll は「イトゥル」がネイティブ発音です。

▶▶ ## How much **will an alteration cost?**

❓「お直し」は alteration です。

▶▶ ## It'll **cost about $20.**

❓ I'll be about ＄20 でも同じ意味です。

▶▶ ## OK. I'll be **back in two hours.**

❓ in ～ hours は「～時間後」です。

靴屋①
～日本サイズとちがう?～

繰り返し学習Check! ▶ 1 2 3 4 5 □□□□□

つま先が
痛い

□
□
日本ではサイズは24を履いているのですが、
アメリカのサイズはわかりません。

▶ I usually ~.

□
□
サイズ7が良いと思います。
これを履いてみてください。

▶ I think ~.

□
□
ありがとう。つま先が少し痛いです。

▶ They're ~.

ヒールが
低い
幅広の靴
がほしい

□
□
(もっと)ヒールが低い幅広の靴はあります
か?

▶ Do you have ~?

□
□
この靴はいかがでしょうか?

▶ How about ~?

□
□
茶色は好きじゃないです。
このデザインで黒い靴はありますか?

▶ I don't like ~.

□
□
申し訳ございませんが、
このデザインで黒い靴は今朝売り切れました。

▶ this design in black ~.

✍ 旅行英会話の**カギ**

旅先で歩きすぎて靴擦れ（blister）ができたら、さあ大変！ これはピンチだ！ と靴屋さんに駆け込むことも多いですね。しかし、アメリカサイズと日本サイズは違うので、合わない靴でpinchにならないようにしましょう。服屋さんの復習フレーズでDo you have this size (design) in＋色？ も言えるようになりましょう。

69

▶▶ **I usually wear size 24 in Japan, but I'm not familiar with American sizes.**

💬 be familiar with ～は「～に詳しい、わかる」です。

▶▶ **I think size 7 will do. Try these on.**

💬 ～will do.は「～が良い、目的を果たす」です。～に名詞を入れ換え自由自在。

▶▶ **Thanks. They're pinching my toes a little.**

💬 pinch は「靴などがきつくて痛い」を意味する。「つま先」は toe です。

▶▶ **Do you have EEE shoes with a lower heel?**

💬 「幅の広い靴」は EEE shoes で、「ヒールが低い靴」は shoes with a low heel です。

▶▶ **How about this pair?**

💬 this pair は this pair of shoes の省略形です。

▶▶ **I don't like brown. Do you have this design in black?**

💬 Do you have this design in ＋色？の形です。

▶▶ **We're sorry, but this design in black was sold out this morning.**

💬 be sold out は「売り切れる」です。

第5章

買い物編

UNIT 59 靴屋②
～このまま履いて帰る～

繰り返し学習Check! ▶ □1 □2 □3 □4 □5

ピッタリ の靴が ほしい	このフラットシューズは少し大きいです。 ▶ These flat shoes～.
	中敷きを入れてみたらどうでしょうか？ ▶ How about ～?
	ピッタリの靴が欲しいです。 ▶ I want shoes ～.
新しい 靴を 履いて 帰りたい	この新しいランニングシューズは 履き心地がいいです。 ▶ I feel ～.
	今からすぐに履きたいのですが。 ▶ I'd like to ～.
	古い靴を処分してくださいませんか？ くたびれています。 ▶ Could you ～?
	いいですよ。リサイクルセンターに 持って行きます。 ▶ We'll ～.

旅行英会話のカギ

> 靴は必ず履いてみて I feel comfortable in these shoes! と満足のいく靴を選びましょう。I feel comfortable in ～．（～は着心地が良い）の ～には jacket、pants、coat、dress など入れ換え自由自在。旅先で靴擦れ（blister）ができてつらいときには、I'd like to wear them straight away.（すぐに履きたいのですが）を使いましょう。

70

These flat shoes are a little too big for me.
flat shoes は平底の靴のことで「フラッ(ト)シューズ」と発音。t 音は脱落。

How about using insoles?
How about ～ ing? の提案文は～を入れ換え自由自在。insole は「中敷き」。

I want shoes that fit me perfectly.
「I want ＋名詞＋ that fit(s)」の名詞を入れ換え自由自在。

I feel comfortable in these new running shoes.
in ～は「～を履いて」を意味する。

I'd like to wear them straight away.
wear は「履いている」状態、put on は「一時的に着用する」動作。

Could you dispose of my old shoes? They are worn out.
dispose of ～は「～を処分する」、be worn out は「くたびれている」。

OK. We'll take them to a recycling center.
take は「持っていく」、bring は「持ってくる」です。

ジュエリー
ショップ・時計

24金?
18金?

これは24金の指輪ですか？

▶ Is this ～?

いいえ、これは18金です。

▶ this is ～.

この指輪に鑑定書はついていますか？

▶ Does this ring ～?

限定版が
ほしい

ロンドン限定盤の時計XXを購入したいのですが。

▶ I'd like to ～.

こちらが最後の1点でございます。
お買い上げいただく価値はあります。

▶ This is ～.

わ～！ やっと見つけられたわ！
はめさせてもらってもいいですか？

▶ I've found ～!

ちょっと緩いです。つめてもらえますか？

▶ It's ～.

✍ 旅行英会話の**カギ**

服屋さんで学習した try on（試してみる）を使いこなせるようになりましょう。18金だと思って購入したら10金だったり…、人件費が安い国では確かに日本より安く購入できるのですが Does this ring have a certificate?（鑑定書がついてますか？）と聞き、certificate「鑑定書」をじっくり見ましょう。

71

Is this a 24-carat ring?

▷▶ 🗣 語尾の g を日本語の「グ」のように発音せず「ン（グ）」と鼻から音を出しましょう。

No, this is an 18-carat ring.

▷▶ 🗣 carat ring は「キャラッリン（グ）」に聞こえます。

Does this ring have a certificate?

▷▶ 🗣 「鑑定書」は certificate で、「サーティフィキッ（ト）」と発音。

I'd like to purchase a limited edition XX watch in London.

▷▶ 🗣 「限定版」は limited edition です。

This is the last one. It's worth the money.

▷▶ 🗣 「最後の1点」は the last one です。

Wow! I've found one at last! May I try it on?

▷▶ 🗣 May I～？は Can I～？よりも丁寧に許可を求める表現。

It's a little bit loose. Could you tighten it?

▷▶ 🗣 「きつくする＝つめる」は tighten です。形容詞 tight に en を付けて動詞になる。

UNIT 61 化粧品店①

繰り返し学習Check! ▶ 1 2 3 4 5 □□□□□

ブランドの化粧品があるか		
	□□	シャネルの化粧品はありますか？

▶ Do you have ~?

□□ 申し訳ございませんが、
シャネルの化粧品は扱っておりません。

▶ we don't carry ~.

敏感肌用の日焼け止めがほしい

□□ 顔用の日焼け止めクリームを探しています。

▶ I'm looking for ~.

□□ 私の肌は敏感肌です。

▶ My skin is ~.

□□ 敏感肌用のこの日焼け止めローションを
おすすめしますよ。

▶ I recommend ~.

シミやそばかすを隠したい

□□ シミ、そばかすを隠す
特別なクリームはありますか？

▶ Do you have ~?

□□ はい。これが一番人気のある
コンシーラーです。

▶ this is the most ~.

156

✎ 旅行英会話の**カギ**

We don't carry Chanel.（シャネルの化粧品は扱っておりません）
と応対されて、在庫があるなら運んできてくれたらいいのに、と思いま
した。carry「取り扱う」の意味を覚えましょう。シミ（age spot）
や目の下のクマ（dark circles under one's eyes）を隠すコンシー
ラーは人気があります。サンプルは Could you give me a sample?
とお願いしましょう。

🔊
72

▶▶ **Do you have any Chanel cosmetics?**
🔵 cosmetics は「カズメティックス」と発音。

▶▶ **I'm sorry, but we don't carry Chanel.**
🔵 carry はこの場合、「取り扱う」です。

▶▶ **I'm looking for sunscreen cream for my face.**
🔵 「日焼け止め」は sunscreen です。

▶▶ **My skin is sensitive.**
🔵 dry（乾燥している）、oily（油っぽい）、sensitive（敏感な）を覚えましょう。

▶▶ **I recommend this sunscreen lotion for sensitive skin.**
🔵 きれいに日焼けしたいなら suntan lotion（日焼けローション）です。

▶▶ **Do you have a special cream to cover age spots?**
🔵 age spot は「シミ、そばかす」です。

▶▶ **Yes, this is the most popular concealer.**
🔵 concealer の動詞の conceal は「隠す」を意味します。

第5章 買い物編

繰り返し学習Check! ▶ 1 2 3 4 5 □□□□□

| ファンデーションがほしい | □ □ | 粉っぽくないファンデーションを探しています。 |
| | | ▶ I'm looking for ~. |

| | □ □ | このウォータープルーフ（水に強い）ファンデーションをおすすめします。 |
| | | ▶ I recommend ~. |

| | □ □ | これを使ったことがありますが、肌に合いません。 |
| | | ▶ I've used ~. |

| 香水がほしい | □ □ | 香水を探しています。一番人気のある香水はどれですか？ |
| | | ▶ I'm looking for ~. |

| | □ □ | 私の予算は20ポンドから30ポンドまでです。 |
| | | ▶ My price range ~. |

| | □ □ | この花の香りのする香水をお勧めします。 |
| | | ▶ I recommend ~. |

| | □ □ | 香りがきつすぎます。もっと優しい香りか、果物の香りのする物はありますか？ |
| | | ▶ It's too ~. |

✒️ 旅行英会話の**カギ**

ここまで学習して、お買い物では、「何を探しているか？」具体的には「デザイン」「色」「素材」を言えるようになりましたね。My price range is from 〜 to … . の〜や…に金額を入れて「私の予算は〜から…です」を身に付けましょう。

73

▶▶ **I'm looking for a foundation cream that isn't cakey.**

🔵 「粉っぽい」は cakey を意味します。

▶▶ **I recommend this waterproof foundation.**

🔵 「水に強い」は waterproof です。fireproof は「耐火性の」です。

▶▶ **I've used this one, but it doesn't agree with my skin.**

🔵 agree with 〜は「〜に合う」を意味します。

▶▶ **I'm looking for a perfume. What's the most popular one?**

🔵 「香水」は perfume です。

▶▶ **My price range is from £20 to £30.**

🔵 price range は「価格帯＝予算」です。

▶▶ **I recommend this floral perfume.**

🔵 floral は「花の香りのする」です。

▶▶ **It's too strong. Do you have a milder one or a fruity one?**

🔵 strong は「きつい」、milder は「優しい」を意味します。

第5章 買い物編

159

UNIT
63

土産物屋①
～その土地ならではのもの～

繰り返し学習Check! ▶ 1 2 3 4 5 □ □ □ □ □

～ならではのものがほしい

□
□

オーストラリアならではの何かを探しています。

▶ I'm looking for ～.

□
□

このコアラのぬいぐるみはいかがですか？

▶ How about ～?

□
□

かわいい！ オーストラリア製ですか？
日本のコアラはいらないわ。

▶ How ～!

□
□

ここにオーストラリア製と書いてありますよ！

▶ It says ～!

贈答用に包装してほしい

□
□

今なら30ドルです。お買い得ですよ。

▶ This is now ～.

□
□

これにします。贈答品用に包装してくれますか？

▶ I'll ～.

□
□

それから、値札を外すのを
忘れないでくださいね。

▶ please don't forget ～.

✍ 旅行英会話のカギ

I'm looking for something＋形容詞を身に付けましょう。例えば I'm looking for something compact and light. は重たい物を持って帰りたくない人にはおすすめのフレーズ。海外では値札を外してくれないことも多いので Please don't forget to take off the price tag. （値札を外すのを忘れないでくださいね）とお願いしましょう。

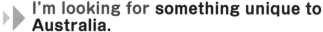

74

▶▶ I'm looking for something unique to Australia.

😊 unique to ～は「～に特有の」。

▶▶ How about this stuffed toy koala?

😊 「ぬいぐるみ」は stuffed toy です。

▶▶ How cute! Is this made in Australia? I don't want a Japanese koala.

😊 お土産は「made in ＋国名」に注意しよう。

▶▶ It says here it's made in Australia!

😊 say は「書いてある」を意味します。

▶▶ This is now $30. It's a good buy.

😊 It's a good buy. は商品を勧める場合のお決まりフレーズ。

▶▶ I'll take it. Can you gift-wrap it?

😊 gift-wrap は「贈答用に包装する」。

▶▶ And please don't forget to take off the price tag.

😊 take off ～は「～を外す」です。

繰り返し学習Check! ▶ 1 2 3 4 5 □□□□□

民芸品の意味は?	□ □	この木彫りのキーホルダーは何を意味しますか？

▶ What does 〜?

	□ □	平和を象徴します。

▶ It symbolizes 〜.

2つで安くしてほしい	□ □	2つ買ったら安くしてくれますか？

▶ Can you give 〜?

	□ □	そうですね。2つで10ドルにいたしましょう。

▶ I'll make 〜.

それに決めます	□ □	5個買うといくらになりますか？

▶ How much 〜?

	□ □	5個購入してくだされば、20ドルです。

▶ If you 〜.

	□ □	それに決めるわ。袋も5枚もらえますか？

▶ Can I 〜?

✍ 旅行英会話の**カギ**

値切り交渉を楽しみましょう。英会話初心者の頃 Make it cheaper. を連発していたものです。Can you give me a discount? とカッコよくキメましょう。How much will it be for 〜?（〜個買うといくらですか？）を身に付けましょう。It's a deal. は「それに決める！」の定番フレーズなのでカッコよくキメましょう。

75

▶▶ What does this wooden key holder symbolize?
🔵 What does this symbolize? でも OK。symbolize は「意味する」です。

▶ It symbolizes peace.
🔵 名詞 symbol「スィンブゥ」に ize をつけて symbolize です。

▶▶ Can you give me a discount if I buy two items?
🔵 two items の two を入れ換えて応用自由自在です。

▶▶ Let me see. I'll make it $10 for two.
🔵「make it ＋金額＋ for ＋個数」を覚えましょう。

▶▶ How much will it be for five?
🔵「How much will it be for ＋個数？」です。

▶▶ If you buy five, I'll make it $20.
🔵「make it 〜（金額）」(it を〜（金額）にする)の金額を正確に聞き取りましょう。

▶▶ It's a deal. Can I have five bags?
🔵 袋（bag）は 1 枚しかくれない場合が多いのでリクエストしましょう。

65 スーパー①
〜○○はどこにある?〜

繰り返し学習 Check! ▶ 1 2 3 4 5 □□□□□

チョコレートはどこ?	□ □	すみません、チョコレート売り場はどこにありますか？ ▶ where can I find 〜?

チョコレート売り場は次の通路、通路3にあります。
▶ The chocolate section is 〜.

ビタミン剤と歯磨き粉はどこ?	□ □	すみません、ビタミン剤と歯磨き粉はどこで購入できますか？ ▶ where can I find 〜?

2番通路の健康用品売り場にあります。
▶ They're in 〜.

私はその売り場を担当しています。
お連れしますよ。
▶ I'm in charge 〜.

青果売り場はどこ?	□ □	青果売り場を探しているんですが。 ▶ I'm looking for 〜.

1番通路ですよ。オレンジは50％割引です。
▶ It's in aisle 〜.

🖋 旅行英会話の**カギ**

スーパーマーケットの食料品や生活用品雑貨を眺めていると、現地の人（locals）の生活を見ることができますね。スーパーマーケットであなたの英語を試してみましょう。各売り場は～ section、場所はaisle ～です。Where can I find ～ ? とI'm looking for ～ . を身に付けましょう。

76

▶▶ **Excuse me,** where can I find **the chocolate section?**

💬 chocolate の発音は「チョークリット」です。

▶▶ **The chocolate section is** in the next aisle, aisle three.

💬 aisle は「アイ（ウ）」と発音する。

▶▶ **Excuse me,** where can I find **vitamins and toothpaste?**

💬 アメリカ英語では vitamin は「ヴァイタミン」、イギリス英語では「ヴィタミン」。

▶▶ **They're in** aisle two, in our health goods **section.**

💬 「健康用品売り場」は health goods section です。

▶▶ **I'm in charge** of that section. I'll show you **there.**

💬 「～を担当する」は be in charge of ～です。

▶▶ **I'm looking for** the produce section.

💬 「青果売り場」は produce section です。

▶▶ **It's in aisle** one. Oranges are 50% off.

💬 「通路」は aisle です。

UNIT 66 スーパー②

～このクーポンは使える?～

繰り返し学習Check! ▶ 1 2 3 4 5 □□□□□

クーポンが 使えない	□ □	すみませんが、このクーポンは お使いになれません。

▶ we don't ~.

	□ □	なぜ使えないのですか?

▶ How come ~?

	□ □	このクーポンはこのお店の物ではなく、 他のお店の物ですよ。

▶ This coupon is ~.

ビニール 袋が ほしい	□ □	紙袋ですか、ビニール袋ですか?

▶ Paper ~?

	□ □	ビニール袋をお願いします。

▶ Plastic, ~.

レシートを もらう	□ □	レシートは袋の中にお入れしましょうか?

▶ Would you ~?

	□ □	私にください。ありがとう。

▶ I'll ~.

✍ 旅行英会話の**カギ**

アメリカではcouponを使うと節約できます。レジでPaper or plastic? と聞かれて何のことだかわからなかったり、レジ係は早口で話すので意味がわからずYes.と答えている人も多いのでは？ Plasticは plastic bag（ビニール袋）の略。vinyl bag（ビニール袋）は和製英語です。

77

I'm sorry, but we don't accept this coupon.
😊 accept は「認める」。accept の代わりに take でも OK です。

How come you don't accept this?
😊 How come? だけでも OK です。「How come ＋主語＋動詞？」も覚えよう。

This coupon is not for our store, but for a different store.
😊 この場合「別の＝違う」で different です。

Paper or plastic?
😊 Would you like a paper bag or a plastic bag? の省略形がレジでは使われる。

Plastic, please.
😊 plastic は plastic bag（ビニール袋）の省略形です。

Would you like the receipt in the bag?
😊 receipt は「レシー（ト）」です。語尾の t 音は脱落。

I'll take it. Thanks.
😊 Thanks の th は舌の先を軽く噛んで発音しましょう。

交換・返品

返品したい	□ □	このチョコレートは賞味期限を過ぎています。払い戻ししてもらえますか？

▶ This chocolate is ~.

	□ □	申し訳ございません。現金で払い戻しさせていただいてもよろしいですか？

▶ We're sorry about ~.

シミがついている	□ □	このTシャツにシミがついています。返却したいです。払い戻しできますか？

▶ This T-shirt ~.

	□ □	大変申し訳ございません。クレジットカードのお支払いをキャンセルさせていただきます。

▶ We'll cancel ~.

差額のある商品の交換	□ □	この半袖とこの長袖のセーターを交換してもらえますか？

▶ Can you exchange ~?

	□ □	これがレシートです。差額は現金で支払います。

▶ I'll pay ~.

	□ □	確認させてください。20ドルです。

▶ Let me ~.

✍ 旅行英会話の**カギ**

Can you give me a refund?（払い戻してもらえますか？）や Can you exchange A for B?（AをBに交換してくれますか？）を身に付けましょう。「返品する」はreturn、「返金する、返金」はrefund、「AとBを交換する」は、exchange A for Bです。店員がDo you have a receipt? と聞いてくる前にHere's the receipt. と言ってレシートを提示しましょう。

78

▶▶ **This chocolate is past its eat-by date. Can you give me a refund?**

💬 「賞味期限」は eat-by date です。

▶▶ **We're sorry about that. May we pay you back in cash?**

💬 「現金で払い戻す」は pay back in cash です。

▶▶ **This T-shirt has a stain. I'd like to return it. Can you give me a refund?**

💬 「シミ」は stain です。

▶▶ **We're really sorry about that. We'll cancel your credit card payment.**

💬 語尾にlがある時は「ゥ」に近い音になり、cancel「キャンセ（ゥ）」がネイティブ発音。

▶▶ **Can you exchange this short-sleeve sweater for this long sleeve sweater?**

💬 「半袖」は short sleeve、「長袖」は long sleeve です。

▶▶ **Here's the receipt. I'll pay the difference in cash.**

💬 「差額」はdifferenceでOK。the difference in priceというとより丁寧。

▶▶ **Let me check that. OK, \$20, please.**

💬 Let me check that. はいつでもどこでも使える便利な表現です。

買い物の単語

お店	
靴売り場	shoe department
スポーツ用品店	sporting goods store
食料品店	grocery store
食器店	tableware shop
文具店	stationery store
骨とう品店	antique store
酒店	liquor store
酒店 *イギリスで認可されている酒屋	off-licence
民芸品店	folk craft shop
土産物屋	souvenir shop

服	
既製服	ready-made
あつらえ服	order-made
裏地	lining
裾	hem
半袖	short sleeve
長袖	long sleeve
七分袖	three-quarter sleeve
麻	linen
カシミヤ	cashmere
合成皮革	synthetic leather
ムートン	sheepskin
薄手	thin
厚手	thick
無地	plain
刺繍のある	embroidered
水玉模様	polka dot
正装用のシャツ	dress shirt
ストッキング	pantyhose

その他	
かかとの高さ	heel height
靴ひも	shoelace
小型軽量のバックパック（デイバッグ）	daypack
キャリーバッグ	roller bag

第**6**章

交通・観光編

旅行といえば観光！
でも、「自分がいる場所がわからない…」
「どこの道を行けばいいかわからない…」
なんてことはよくあります。
美術館や1日ツアーで使えるフレーズから、
観光場所にたどりつくまでの
交通関係のフレーズを
覚えましょう。

UNIT 68 道案内①
～私は今どこ?～

地図に印をつけてほしい	□□	すみません。道に迷ったと思うのですが。私はこの地図ではどこにいますか? ▶ I think~.
	□□	この地図に印をつけていただけませんか? ▶ Could you place ~?
	□□	いいですよ。あなたは今メープルストリートにいます。どこに行きたいのですか? ▶ You're on ~.
道順を教えてほしい	□□	レインボー劇場に行く道を教えていただけませんか? ▶ Could you tell ~?
	□□	この道をまっすぐ行って2つめの交差点を右に曲がってください。 ▶ Go straight on ~.
	□□	劇場は市庁舎を通り過ぎた左側にあります。 ▶ The theater is ~.
	□□	すぐにわかりますよ。 ▶ You can't ~.

172

🖋 旅行英会話の**カギ**

ロンドンで道に迷った時に親切なおばあさんが May I help you? と話しかけてきてくれて、I happen to be going in the same direction. と言って Harrods まで案内してくれた嬉しい思い出があります。私は旅行先で I don't have any sense of direction.（方向感覚がない）なのでいつも地図を持ち歩き、Could you place a mark on this map? を連発しています。

🔊
79

▶▶ **Excuse me. I think I'm lost. Where am I on this map?**

💬 be lost は「道に迷っている」です。

▶▶ **Could you place a mark on this map?**

💬「～に印をつける」は place a mark on ～です。

▶▶ **OK. You're on Maple Street. Where do you want to go?**

💬 on ～ Street は「～ストリートに」。

▶▶ **Could you tell me the way to the Rainbow Theater?**

💬 teach は「伝授する」、show は地図を書いてもらったり同行してもらう時に使う。

▶▶ **Go straight on this street and turn right at the second intersection.**

💬「まっすぐ行く」go straight on、「右に曲がる」turn right、「交差点」intersection。

▶▶ **The theater is on the left, just past the City Hall.**

💬 on the left は「左側に」。

▶▶ **You can't miss it.**

💬「すぐにわかる」のお決まりフレーズ。miss は「見落とす」です。

第**6**章 交通・観光編

173

UNIT 69 道案内②
〜目印はある?〜

繰り返し学習Check! ▶ 1 2 3 4 5 □□□□□

| ~ストリートはどこ? | □□ | コモンウェルスストリートはどこですか? |
| | | ▶ Where is ~? |

| | □□ | 2ブロック向こう側です。
まっすぐ2ブロック進んでください。 |
| | | ▶ It's two blocks ~. |

| レストランに行く道を教えてほしい | □□ | レストラン「インディアンカレー」に行く道を教えてくれませんか? |
| | | ▶ Could you ~? |

| | □□ | いいですよ。最初の信号を渡って左に曲がってください。 |
| | | ▶ Cross the first ~. |

| | □□ | そして約5分間歩いてください。
今までのところ、わかりますか? |
| | | ▶ And walk ~. |

| 目印は何? | □□ | はい。レストランの近くに何か目印はありますか? |
| | | ▶ Is there ~? |

| | □□ | 道路を隔てて中央郵便局の向かい側にあります。 |
| | | ▶ It's across ~. |

174

旅行英会話の**カギ**

初心者の頃、道を尋ね、I'm a stranger around here.（このあたりはよく知りません）と返答されました。strangerの意味を「変な人」としか知らなかった私は「変な人」と思いました。また、学校英語で「右折する」はturn right、「左折する」はturn leftしか知らなかった私は、Make a right. Make a left. を使って説明されて戸惑った思い出があります。

80

▶▶ ## Where is **Commonwealth Street?**

💬 「Where is ＋名詞？」は場所を尋ねるのに、簡単で便利な表現です。

▶▶ ## It's two blocks **away. Go straight that way for two blocks.**

💬 away は「離れている」、go straight は「まっすぐ進む」。

▶▶ ## Could you **direct me to the restaurant "Indian Curry"?**

💬 direct A to B は「AにBへの道を教える」を意味します。

▶▶ ## OK. Cross at the first **traffic signal and make a left.**

💬 cross は「渡る」です。make a left は「左に曲がる」。

▶▶ ## And walk **about five minutes. Are you with me so far?**

💬 Are you with me? は道案内だけでなく、相手の理解の確認の万能表現。

▶▶ ## Yes. Is there **a landmark near the restaurant?**

💬 「目印」は landmark です。

▶▶ ## It's across **the street from the Central Post Office.**

💬 across from ～で「～の向かい側に」を表します。

繰り返し学習Check! ▶ □□□□□
1 2 3 4 5

～まで お願い します	□ □	どちらに行かれますか？
		▶ Where ～?
	□	この住所の熱帯水族館へ連れて行ってください。
		▶ To this ～.
運賃は?	□	ところで、運賃はいくらですか？
		▶ how much ～?
	□ □	15ドルくらいです。
		▶ It'll ～.
途中で 降ろして ほしい	□	途中で1カ所止まってくださいませんか？
		▶ Could you make ～?
	□ □	わかりました。どこがいいでしょうか？
		▶ Where do you ～?
	□	私をメアリーブティックで 数分だけ降ろしてください。
		▶ Please drop ～.

✍ 旅行英会話の**カギ**

タクシーに乗ったらドライバーに行き先を告げると共に、料金と、場合によっては移動時間もHow long does it take?と確認しましょう。料金交渉し、決めた料金を手帳に書き留めます。行き先は、Take me to this address.と住所を見せるのが一番。目的地以外に、例えば2カ所で止まってほしい場合はCould you make two stops on the way?とお願いします。

🔊
81

Where to?
😊 Where would you like to go? の省略形です。

To this **address, please: the Tropical Aquarium.**
😊 「水族館」は aquarium で「アクエーリアム」と発音します。

By the way, **how much will the fare be?**
😊 「運賃」は fare です。taxi fare は「タクシー運賃」、airfare は「航空運賃」。

It'll **be about $15.**
😊 15 は「フィフティーン」はティーンを強く発音。50 と発音し間違えないように。

Could you make **one stop on the way?**
😊 make one stop on the way は「途中で1カ所止まる」。

Sure. Where do you **want to stop off?**
😊 stop off は「途中下車する」です。

Please drop **me off at the Mary Boutique for a few minutes.**
😊 「drop ～ off at …」は「～を…で降ろす」です。

UNIT 71 タクシー②
～おつりはとっておいて～

繰り返し学習Check! ▶ 1 2 3 4 5 □□□□□

おつりは 取って おいて	□ □	熱帯水族館に到着しました。 25 ドルです。 ▶ Here we are ～.
	□ □	ありがとう。おつりは取っておいてください。 ▶ Please keep ～.
迎えに 来て ほしい	□ □	明日午前11時の飛行機に乗ります。 ▶ We're taking ～.
	□ □	午前8時に迎えに来てくださいませんか？ ▶ Could you ～?
	□ □	道路が混み合っているので7時に お迎えに上がってもいいですか？ ▶ The traffic ～,
2ドル 返して ほしい	□ □	高速料金を含んで合計40 ドルです。 ▶ The total ～.
	□ □	50 ドルです。2 ドル返してもらえますか？ 残りはとっておいてください。 ▶ Can I have ～?

✍ 旅行英会話のカギ

　信頼できるタクシーの運転手に出会ったら次の予約を入れるのも良い
でしょう。慣れたタクシー運転手は交通、空港事情に詳しいので的を射
たアドバイスがもらえます。Can I have ～ dollars back?（〜ドル
返してもらえますか？）はタクシーだけでなく、色んな精算の場面で使
えます。これを言わないとチップと思って全額受け取られてしまうこと
もあります。

82

▶▶ ### Here we are at the Tropical Aquarium. That's $25.

　💬 「Here we are at ＋場所」は到着したときのお決まりフレーズ。

▶▶ ### Thank you. Please keep the change.

　💬 change（おつり）は不可算名詞なので複数にはしません。

▶▶ ### We're taking the 11 o'clock flight tomorrow morning.

　💬 近い確実な未来を言う時は現在進行形を使います。

▶▶ ### Could you pick us up at 8 a.m.?

　💬 「pick ＋人＋ up」は「人を車で迎えに行く」です。

▶▶ ### The traffic is heavy, so shall I pick you up at seven?

　💬 Shall I ～? は「〜しましょうか」の申し出。**例** Shall I take your picture?

▶▶ ### The total is $40, including the highway tolls.

　💬 total は l の音は上の歯茎の下に舌を置いて「トータ（ゥ）」と発音。

▶▶ ### Here's $50. Can I have two dollars back? Please keep the rest.

　💬 Can I have two dollars back? の代わりに Two dollars back. でも OK です。

第6章　交通・観光編

179

UNIT

72 Uberタクシー

繰り返し学習Check! ▶ 1 2 3 4 5 □□□□□

名前と 目的地 の確認	□ □	Johnny Smithです。 お名前をお伺いできますか？ ▶ May I ~?
	□ □	今川弥生です。 インペリアルホテルへお願いします。 ▶ I'm ~.
	□ □	荷物をトランクに積むのを手伝ってください ますか？ ▶ Can you ~?
日本の 天気は? (車中で の会話)	□ □	日本の気候は今どんな感じですか？ ▶ What is ~?
	□ □	今、雨季です。 ハワイの穏やかな気候が好きです。 ▶ It's ~.
到着と お礼の 言葉	□ □	インペリアルホテルに到着いたしました。 ▶ Here we are at ~.
	□ □	ありがとう。あなたを五つ星評価しますね。 ▶ I'll give you ~.

✍ 旅行英会話の**カギ**

Uber の配車はアプリ上で行われ、自動翻訳されます。ドライバーの評価も確認できます。行き先、車種、乗車場所、ドライバー選択、時間指定配車を確定し、車が到着したら、license number（自動車のプレートナンバー）を確認します。車中での会話を楽しみましょう。What is the weather like in Japan? はさまざまに応用できます。

83

I'm Johnny Smith. May I ask your name ?

🔵 「メイヤイアスキュアネーム」とドライバーが名前を聞いてくる。

I'm Yayoi Imagawa. Imperial Hotel, please.

🔵 行き先＋ please. は応用自由自在。

Could you help me put my luggage in the trunk?

🔵 help ＋人＋動詞の原形〜は 「人が〜するのを手伝う」です。

What is the weather like in Japan now?

🔵 What is A like? の応用例：What is she like?（彼はどんな人ですか？）

It's the rainy season right now. I like the mild climate in Hawaii.

🔵 mild climate は「穏やかな気候」です。

Here we are at the Imperial Hotel.

🔵 hotel 「ホテ (ゥ)」と聞こえます。

Thanks. I'll give you a five-star rating.

🔵 a five-star rating を the top rating や a good rating に言いかえ可能。

第**6**章 交通・観光編

181

バス①
～○○へ行きたいのですが～

目的地
までの
停留所の
数は?

ワールド動物園に行きたいのですが。
どのバスに乗れば良いですか？

▶ I'd like to ～.

あちらの5番のバスに乗ってください。

▶ You should ～.

ワールド動物園までは
いくつバス停がありますか？

▶ How many stops ～?

6番目の停留所ですよ。路線図をどうぞ。

▶ It's the ～.

ワールド動物園に到着したら教えてください。

▶ Please let me ～.

つり銭
なきよう

つり銭なきよう、お願いします。

▶ Exact ～.

1日乗車カードを使います。

▶ I'll ～.

✐ 旅行英会話の**カギ**

景色を楽しめるのがバス利用のメリット。不慣れな土地ではPlease let me know when we get to 〜.（〜に到着したらお知らせください）とお願いすると安心ですね。How many stops are there to ＋目的地？も身に付けましょう。

84

▶▶ **I'd like to go to the World Zoo. Which bus should I take?**

　Which ＋名詞＋ should I take? の名詞は train など入れ換え可。

▶▶ **You should take the number five bus over there.**

　over there は「向こうで」。

▶▶ **How many stops are there to the World Zoo?**

　How many stops are there to ＋目的地？は電車にも使えます。

▶▶ **It's the sixth stop. Here's a route map.**

　「路線図」は route map です。

▶▶ **Please let me know when we get to the World Zoo.**

　乗り過ごさないようにバスの運転手さんにお願いしましょう。

▶▶ **Exact change, please.**

　exact は「正確な」、exact change は「ピッタリのお金」です。

▶▶ **I'll use my one-day pass.**

　one-day pass は「1日乗車カード」です。

第6章 交通・観光編

183

UNIT 74 バス② 〜乗り間違えた〜

バスが 正しいか	□ □	トロピカルガーデン行きの正しいバスに乗っていますか？
		▶ Am I on 〜?

	□ □	いいえ、このバスは市庁舎行きです。
		▶ this bus is 〜.

バスを 乗り 間違えた	□ □	あ〜なんてことだ。間違ったバスに乗りました。どうすればいいですか？
		▶ I took the 〜.

	□ □	次の駅で下車してください。
		▶ You'd better 〜.

	□ □	それからキングスタジアム前のルート11に乗り換えてください。
		▶ And transfer to 〜.

キング スタジアム はどこ？	□ □	キングスタジアムはどこにありますか？
		▶ Where is 〜?

	□ □	次のバス停の道路を隔てて向かい側です。
		▶ It's across 〜.

✍ 旅行英会話の**カギ**

I took the wrong bus.（違うバスに乗りました）のフレーズは busをtrainに言い換え可能です。Am I on the right bus for 〜？（〜行きの正しいバスに乗っていますか？）、Am I on the right train for 〜？（〜行きの正しい列車に乗っていますか？）も身に付けましょう。

🔊
85

▶▶ Am I on the right bus for the Tropical Garden?

💬 Am I on the right 〜？の〜は road、bus、train など入れ換え自由自在です。

▶▶ No, this bus is for the City Hall.

💬 「市庁舎」は City Hall です。

▶▶ Oh, no. I took the wrong bus. What should I do?

💬 「間違ったバス」の wrong bus の wrong を long と発音し間違えないように。

▶▶ You'd better get off at the next stop.

💬 You'd better は You had better 〜 .（あなたは〜した方が良い）の省略形です。

▶▶ And transfer to route 11 in front of the King Stadium.

💬 transfer to 〜は「〜に乗り換える」です。

▶▶ Where is the King Stadium?

💬 stadium は「ステイディアム」と発音します。

▶▶ It's across the street from the next stop.

💬 be across the street は「道路を隔てて向かい側」です。

第**6**章

交通・観光編

185

75 電車①
～チケット購入～

往復 チケットを 買いたい	□ □	キートンへの往復チケットを 購入したいのですが。 ▶ I'd like to ~.
	□ □	火曜日に出発して土曜日に帰ります。 ▶ I'll be ~.
	□ □	土曜日はキートンからの電車は満席です。 ▶ The trains from ~.
始発と 最終電車 がいい	□ □	それなら、火曜日はキートンへの 始発の電車に乗れますか？ ▶ In that case, ~?
	□ □	そして金曜日はキートンからの 最終電車をお願いします。 ▶ And the last ~.
車両番号・ 座席番号 の確認	□ □	往復運賃70ドルをカードでお支払いします。 ▶ I'll pay ~.
	□ □	了解です。あなたの出発時刻、車両番号と 座席番号はここに書かれています。 ▶ Your departure time, ~.

🖊 旅行英会話の**カギ**

アメリカでは往復チケットはround-trip ticketです。遠距離の列車の座席指定予約で購入した場合、車両番号も書かれています。「車両」はアメリカ英語ではcar、イギリス英語ではcarriageです。荷物を預けたいときはCan I check in my baggage instead of carrying it on the train?（電車に荷物を持ち込む代わりに預けられますか？）と聞くと良いでしょう。

86

▶▶ **I'd like to buy a round-trip ticket to Keyton.**

💬「往復チケット」は round-trip ticket です。

▶▶ **I'll be leaving on Tuesday and coming back on Saturday.**

💬「戻る」は come back です。

▶▶ **The trains from Keyton on Saturday are fully booked.**

💬「主語＋be 動詞＋fully booked」（満席です）は主語を入れ換え応用自由自在。

▶▶ **In that case, can I take the first train for Keyton on Tuesday?**

💬「始発列車」は first train です。

▶▶ **And the last train from Keyton on Friday, please.**

💬「最終列車」は last train です。

▶▶ **I'll pay the $70 round-trip fare by card.**

💬 round-trip fare は「往復運賃」、in cash は「現金で」です。

▶▶ **OK. Your departure time, car number and seat number are printed here.**

💬 car number は「車両番号」です。

UNIT 76 電車②
～1日乗車券はある?～

繰り返し学習Check! ▶ 1 2 3 4 5 □□□□□

往復切符を買いたい		コスモへの往復乗車券を3枚お願いします。
		▶ I'd like ~.

	1日乗車券をご購入になれば、本日はどの電車でもお使いになれますよ。
	▶ If you buy ~.

	1日乗車券は12ポンド、コスモ駅への往復チケットは10ポンドです。
	▶ A one-day ticket is ~.

1日乗車券がほしい		1日乗車券になさいますか、往復乗車券になさいますか?
		▶ Would you like ~?

	1日乗車券を3枚お願いします。
	▶ I'll take ~.

どのプラットフォーム?		ところで、電車はどのプラットフォームから出ますか?
		▶ which platform ~?

	電車は5番線から出発します。
	▶ The train ~.

188

✍ 旅行英会話の**カギ**

アメリカでは片道チケットは one-way ticket、往復チケットは round-trip ticket です。一方、イギリス英語では片道チケットを single ticket、往復チケットを return ticket と言います。「ホーム」はアメリカ英語では track、イギリス英語では platform です。

🔊 **87**

▶▶ **I'd like three return tickets to Cosmo Station.**

😊 イギリス英語では「往復乗車券」は return ticket です。

▶▶ **If you buy a one-day ticket, you can use any train today.**

😊 「1日乗車券」は one-day ticket です。

▶▶ **A one-day ticket is £12, and a return ticket to Cosmo Station is £10.**

😊 one-day ticket の料金と return ticket（往復チケット）の料金が同じ場合もあります。

▶▶ **Would you like a one-day ticket or a return ticket?**

😊 Would you like~? は Do you want ? の丁寧な形です。

▶▶ **I'll take three one-day tickets.**

😊 I'll take ～ . は購入する時の便利な表現です。

▶▶ **By the way, which platform does the train leave from?**

😊 アメリカ英語では platform は track です。

▶▶ **The train leaves from platform five.**

第**6**章 交通・観光編

電車③
〜行きすぎちゃった〜

繰り返し学習Check! ▶ □□□□□
1 2 3 4 5

どこで乗り換える?	☐ ☐	フェアウェイに行くにはどこで乗り換えたらいいですか？
		▶ Where should I 〜?
	☐ ☐	コスモ駅です。それからフェアウェイ行きの超特急電車に乗り換えてください。
		▶ At Cosmo 〜.
駅を乗り過ごした	☐ ☐	電車の駅を降りそこねました。どうしたらいいでしょうか？
		▶ I missed 〜.
	☐ ☐	次の駅で降りてください。
		▶ You should 〜.
	☐ ☐	そして、7番ホームから各駅停車に乗ってください。
		▶ take the local 〜.
どの出口?	☐ ☐	どの出口がMaryデパートの方面ですか？
		▶ Which is 〜?
	☐ ☐	12番出口がメアリーデパートに行くには最適です。
		▶ Exit 12 〜.

🖋 旅行英会話の**カギ**

直通電車（direct train）に乗車する場合は心配いりませんが、乗り換える場合は要注意ですね。I missed my stop.（乗り過ごしました）を言えるようになりましょう。電車でもバスでも使えます。また、駅に着いてもどの出口を利用すればいいのかわからない場合はWhich is the exit for 〜?（どれが〜への出口ですか?）を身に付けましょう。

88

Where should I **transfer to get to Fairway?**

💬 transfer は「乗り換える」です。

At Cosmo **Station, and change to the super-express train to Fairway.**

💬 change to 〜は「〜に乗り換える」です。

I missed **my stop. What should I do?**

💬 miss my stop は「乗り過ごす」、miss the train は「電車に乗り損なう」を意味する。

You should **get off at the next stop.**

💬 get off は「降りる」、get on は「乗る」です。

And then **take the local train from track seven.**

💬 take the local train は「各駅停車に乗る」です。

Which is **the exit for the Mary Department Store?**

💬 「〜の出口」は exit for 〜です。

Exit 12 **is best for the Mary Department Store.**

💬 「Exit 〜 is best for ＋場所の名前」は入れ換え可。Exit「エグジッ（ト）」と発音。

UNIT 78 美術館①
～チケットください～

繰り返し学習Check! ▶ □□□□□
（1 2 3 4 5）

特別展を見たい	昔の巨匠の絵画の特別展を見たいのですが。 ▶ I'd like to ～.
	入場料が10ドルで 特別展のチケットが5ドルです。 ▶ The admission fee ～.
	2枚の入場券と2枚の特別展のチケットを お願いします。 ▶ Two admission tickets ～.
ガイドツアーに参加したい	ガイドツアーに参加したいのですが。 ▶ I'd like to ～.
	次のツアーは3時に始まります。 ▶ The next tour ～.
音声ガイドを借りたい	また、音声ガイドを5ドルでお借りいただけます。 ▶ You can ～.
	日本語の音声ガイドを借りたいです。 ▶ I'd like to ～.

✎ 旅行英会話の**カギ**

1日では見て回れない大規模な美術館などは、I'd like to join the guided tour.（ガイドツアーに参加したいです）のフレーズを使い参加しましょう。始まる時間と終わる時間を知ることが大切です。ガイドツアー参加の時間がない場合はI'd like to rent an audio guide.（音声ガイドを借りたいです）を使い、音声ガイドを借りましょう。

89

I'd like to **see the special exhibition of Old Master paintings.**
😊「特別展」は special exhibition です。

The admission fee **is $10 and a ticket for the special exhibition is $5.**
😊「入場料」は admission fee です。

Two admission tickets **and two special exhibition tickets, please.**
😊「～ , please.」で「～をお願いします。」

I'd like to **join the guided tour.**
😊「ガイドツアー」は guided tour です。

The next tour **begins at three.**
😊 [t＋t] は前の t が脱落し、next tour は「ネキストァ」がネイティブ発音です。

You can **also rent an audio guide for $5.**
😊 rent は「（お金を払って）物を借りる」の意味です。

I'd like to **rent a Japanese audio guide.**
😊「音声ガイド」は audio guide です。

美術館②
~絵葉書ください~

| 絵葉書が
ほしい | □
□ | どこでこの美術館の絵葉書を購入できますか？ |
| --- | --- | --- |
| | | ▶ Where can ~? |

| | □
□ | 2階のギフトショップでご購入いただけます。 |
| --- | --- | --- |
| | | ▶ You can ~. |

| パンフレット
がほしい | □
□ | 館内図と無料のパンフレットをもらえますか？ |
| --- | --- | --- |
| | | ▶ Can I ~? |

| | □
□ | こちらが館内図です。
この美術館のパンフレットは5ドルです。 |
| --- | --- | --- |
| | | ▶ Here's ~. |

| クローク
ルームは
どこ？ | □
□ | すみません、大きなお荷物は
お持ち込みいただけません。 |
| --- | --- | --- |
| | | ▶ you can't ~. |

| | □
□ | 手荷物一時預かり所か、ロッカーはありますか？ |
| --- | --- | --- |
| | | ▶ Do you have ~? |

| | □
□ | あなたの右側にあります、
手荷物一時預かり所をお使いください。 |
| --- | --- | --- |
| | | ▶ Please use ~. |

✍ 旅行英会話のカギ

美術館では Can I get a floor map?（館内図をもらえますか？）とお願いしましょう。また、ギフトショップでの個性的なグッズや、postcards（絵葉書）や museum brochure（美術館のパンフレット）の買い物も楽しみましょう。

🔊 90

▶▶ **Where can I buy postcards of this museum?**

👤「絵葉書」は postcard です。

▶▶ **You can buy them in the gift shop on the second floor.**

👤 floor の前に付く前置詞は on です。

▶▶ **Can I get a floor map and a free brochure?**

👤「館内図」は floor map です。

▶▶ **Here's a floor map. We charge $5 for this museum brochure.**

👤「charge ＋料金＋ for ＋物」を覚えましょう。

▶▶ **Excuse me, you can't take that big backpack with you.**

👤「持ち込む」は「take A with ＋目的語」です。

▶▶ **Do you have a cloakroom or lockers?**

👤 劇場、ホテル、レストラン、ジム etc でも使えるフレーズです。

▶▶ **Please use the cloakroom on your right.**

👤「右側に」は on your right です。

第6章 交通・観光編

195

1日ツアー①

～ツアーにランチは含まれている?～

繰り返し学習Check! ▶ 1 2 3 4 5 □□□□□

1日 ツアーに 参加 したい	□ 🗨 □	ニューヨーク1日観光ツアーに 参加したいのですが。いくらですか? ▶ I'd like to join ～.
	□ □	おひとり60ドルです。9時から5時までの 8時間ツアーです。 ▶ It's $60 ～.
ランチは 含まれる?	□ 🗨 □	このツアーにランチは含まれていますか? ▶ Is lunch ～?
	□ □	いいえ。ですがチャイナタウンで 1時間のランチタイムがあります。 ▶ No, but you ～.
自由の 女神に 上れる?	□ 🗨 □	自由の女神に上る時間はありますか? ▶ Do we have ～?
	□ □	ないです。リバティアイランドは このツアーには含まれていません。 ▶ Liberty Island ～.
	□ □	フェリーから自由の女神をご覧いただけます。 ▶ You can see ～.

✍ 旅行英会話の**カギ**

自由の女神のあるリバティ島に行くことはできますが、予約しないと自由の女神の中には入れません。1日ツアーに参加した場合、ランチが含まれているか、名所は含まれているかなどを尋ねるフレーズ、Is ＋主語＋ included?（～は含まれていますか？）を身に付けましょう。

91

▶▶ **I'd like to join the one-day New York tour. How much is it?**

😊 「I'd like to join ～」の～は入れ換え自由自在。

▶▶ **It's $60 per person. It's an 8-hour tour from 9 a.m. to 5 p.m.**

😊 per person は「一人につき」を意味する。per hour は「1時間につき」。

▶▶ **Is lunch included in this tour?**

😊 Is ～ included in this tour? の～の部分は入れ換え可。

▶▶ **No, but you can have a one-hour lunchtime in Chinatown.**

😊 「2時間のランチタイム」なら、two-hour lunchtime です。

▶▶ **Do we have time to go up to the crown of the Statue of Liberty.**

😊 「自由の女神」は the Statue of Liberty です。

▶▶ **No. Liberty Island isn't included in this tour.**

😊 Liberty Island はツアーに含まれていない事が多いです。

▶▶ **You can see the Statue of Liberty from the ferry.**

😊 Statue（像）を status（地位）と言い間違えないように。

1日ツアー②

~集合場所はどこ?~

繰り返し学習Check! ▶ □□□□□
1 2 3 4 5

| 集合場所は? | □□ | 集合場所はどこですか？ |
| | | ▶ Where is ~? |

| | □□ | バスが午前9時にニューヨークホテル前に迎えに上がります。 |
| | | ▶ The bus will ~. |

| 何時にバスに戻る? | □□ | すみません、何時にバスに戻ればいいですか？ |
| | | ▶ what time ~? |

| | □□ | このバスに3時までには戻ってきてください。 |
| | | ▶ You should be ~. |

| ツアーの解散時刻と場所は? | □□ | このツアーは何時にどこで終わりますか？ |
| | | ▶ When and where ~? |

| | □□ | 午後4時頃にバスがあなたのホテル付近でお客様を降ろします。 |
| | | ▶ We'll drop ~. |

| | □□ | エンパイアステートビルのあたりで降ろしてもらえますか？ |
| | | ▶ Would you ~? |

✎ 旅行英会話の**カギ**

現地発着のツアーを楽しい思い出にするためには、集合場所（meeting place）、と集合時刻（meeting time）を聞き逃さないようにすることです。聞き逃した場合は、Could you repeat that? と必ず聞き直しましょう。

🔊 92

▶▶ Where is **the meeting place?**

🔵 「集合場所」は meeting place。または、pick-up point です。

▶▶ The bus will **pick you up in front of the New York Hotel at 9 a.m.**

🔵 「pick ＋人＋ up」は「人を車で迎える」です。

▶▶ Excuse me, what time **should we return to the bus?**

🔵 「～に戻る」は return to ～です。

▶▶ You should be **back at this bus by three o'clock.**

🔵 be back at ～は「～に戻る」です。

▶▶ When and where **does this tour end?**

🔵 「終わる」は end です。始まりを聞く場合は end を start に入れ換えましょう。

▶▶ We'll drop **you off at your hotel around 4 p.m.**

🔵 「drop ＋人＋ off at ～」は「人を～で降ろす」です。

▶▶ Would you **drop me off around the Empire State Building?**

🔵 「around ～」は「～のあたりで」を意味します。

第**6**章 交通・観光編

繰り返し学習Check! ▶ □□□□□
^{1 2 3 4 5}

チケットを買いたい		今晩のコンサートのチケットを2枚購入したいのですが。

▶ I'd like to ~.

		申し訳ございません。夜の部のチケットはすべて売り切れました。

▶ All the evening ~.

		ですが、4枚だけ昼の部のチケットが残っています。

▶ But there are ~.

どんな席が空いてる?		どんな席が空いてますか？ オーケストラ席ですか？ バルコニー席ですか？

▶ What seats are ~?

		バルコニー席だけが空いています。

▶ Only balcony seats ~.

前の方の席に座りたい		わかりました。チケットを2枚お願いします。前の方の席に座りたいです。

▶ Two tickets, ~.

		座席表を見せてもらえますか？

▶ May I ~?

✍ 旅行英会話の**カギ**

アメリカではホールの1階席はorchestra（オーケストラ）、2階席はbalcony（バルコニー）。イギリスでは「オーケストラ」の席はstall。チケット購入の際に「昼間の公演」を意味するmatinee（マチネー）を「待ってね」と聞き間違い、劇場窓口の人にCan you speak Japanese?と聞いた思い出があります。チケットの買い方はスポーツ観戦にも応用可能。

93

▶▶ I'd like to **get two tickets for the concert this evening.**

🔵 for 以下を入れ換え自由自在に使えます。

▶▶ I'm sorry. All the evening **tickets are sold out.**

🔵 「売り切れる」は be sold out を意味します。

▶▶ But there are **only four tickets left for today's matinee.**

🔵 matinee は「昼興行」を意味する。

▶▶ What seats are **available, orchestra seats or balcony seats?**

🔵 What ＋名詞＋ are available? の応用可。**例** What tickets are available?

▶▶ Only balcony seats **are available.**

🔵 available は「空いている、購入できる、利用できる」などの意味を持つ。

▶▶ OK. Two tickets, **please. I'd like to sit near the front row.**

🔵 front row は「前列」を意味します。

▶▶ May I see **a seating chart?**

🔵 「座席表」は seating chart です。

第**6**章 交通・観光編

201

交通・観光の単語

切符売り場	ticket office
前売り券	advance ticket
予約席	reserved seat
定額料金	flat rate
代用硬貨	token
改札口	ticket gate / wicket
地下鉄 (アメリカ英語)	subway
地下鉄 (イギリス英語)	tube / underground
料金精算所	fare adjustment office
車掌	conductor
路面電車	tram
二階建てバス	double-decker
直行バス	direct bus
バス発着所	bus terminal
前方の席	front seat
後方の席	rear seat
交通渋滞	traffic jam
無料の高速道路	freeway
有料の高速道路	expressway
有料道路	toll road
近道する	take a shortcut
迂回する	take a detour
横断歩道	pedestrian crossing
噴水	fountain
有料トイレ	pay toilet
パトカー	patrol car
警察署	police station
消防署	fire department
レンタカー	
レンタル同意書	rental agreement
レンタル料金	rental charge
保険	insurance

完全保障	full coverage
対人対物保険	liability insurance
走行マイル	mileage
オートマチック車	automatic
マニュアル車	manual car
小型車	compact car
中型車	medium-sized car
四輪駆動車	four-wheel-drive car
オープンカー	convertible
パンク (米／英)	flat tire / puncture
ガソリンスタンド (米／英)	gas station / petrol station
乗り捨て	drop off
駐車場 (米／英)	parking lot / car park
美術館・博物館	
開館時間	opening time
閉館時間	closing time
常設展	permanent exhibition
古代美術	ancient art
中世美術	medieval art
現代美術	contemporary art
彫刻	sculpture
水彩画	watercolor
油絵	oil painting
複製	replica
建築	architect

🔄 I'd like to go to the 〜.　〜に行きたい。

広場	square
遊園地	amusement park
史跡	historical spot
記念碑	monument
〜の生家	birthplace of 〜
教会	church
城	castle
宮殿	palace
寺院	temple
港	harbor / port
海岸	coast
湾	bay
岬	cape
灯台	lighthouse
墓地	cemetery / graveyard
渓谷	valley
森	forest
滝	waterfall
火山	volcano
洞穴	cave
高原	highland

🔄 I'd like to try 〜.　〜をしてみたい。

乗馬	horseback riding
ラフティング	rafting
パラセイリング	parasailing
熱気球に乗る	hot air ballooning
スキューバダイビング	scuba diving

🔄 I'd like to join a 〜.　〜に参加したい。

半日ツアー	half-day tour
ナイトツアー	night tour
日本語ガイド付きツアー	tour with a Japanese-speaking guide

第 **7** 章

トラブル編

何も起こらないのが一番ですが、
もし何か**困ったことが起こってしまったとき**に
備えて…のフレーズです。
忘れ物をしてしまった、ちょっと薬を買いたい…
などの小さなトラブルから、
盗難された、病院にかかりたい…など
自分での対処が大変なトラブルまで、
念のため覚えておけば安心です。

テーブル
の上に
置き
忘れた

1時間くらい前にランチを食べました。

▶ I had 〜.

カメラをテーブルの上に置いたと思うのですが。

▶ I think 〜.

調べてみますね。
残念ですが、カメラは届いておりません。

▶ Let me 〜.

2階の遺失物係に行かれたらどうでしょうか？

▶ How about 〜?

遺失物係で

どのようなカメラか説明してもらえますか？

▶ Can you 〜?

最新版のキャノンデジタルカメラです。
ピンクのケースに入っています。

▶ It's the 〜.

はい。お届けがあります。

▶ We have 〜.

このシーンでは the lost and found section（遺失物係）で落し物が届いた場面を勉強しますが、日本に比べてなくしたものは返ってこないことが多いことを念頭において、落し物や忘れ物はしないように！大きなホテル内でなら戻ってくることがあるかもしれません。

94

I had lunch here about an hour ago.

😊 I は舌の先を上の歯の裏側につけて発音。ranch（牧場）とはっきり区別しましょう。

I think I left my camera on the table.

😊 I think を入れないと失礼になります。

Let me check. I'm sorry, but no camera has been handed in.

😊「届けられる」は be handed in です。

How about trying the lost and found section on the second floor?

😊 How about 〜 ing? は「〜したらどうか」。「遺失物係」= lost and found section。

Can you describe your camera?

😊 describe は「説明する」です。

It's the latest Canon digital camera. It's in a pink case.

😊「最新版の」は latest、または newest です。

OK. We have your item.

😊 item は「商品、製品」です。

第**7**章 トラブル編

繰り返し学習Check! ▶ 1 2 3 4 5 □□□□□

電車の中でスリに合った	□ □ たぶん、電車の中で財布をすられました。 ▶ I probably ~.
	□ □ 電車の切符をコスモ駅で購入しました。 ▶ I purchased ~.
	□ □ スプリング駅で降りた時、 財布が見つからなかったのです。 ▶ When I ~.
	□ □ わかりました。この用紙に記入してください。 ▶ Please fill ~.
カバンをひったくられた	□ □ カバンをACEショッピングモールで 大きな女性にひったくられました。 ▶ My bag was ~.
	□ □ 何がカバンの中に入っていましたか？ ▶ What was ~?
	□ □ クレジットカードと財布です。 クレジットカードはすぐ無効にしました。 ▶ My credit card ~.

✍ 旅行英会話の**カギ**

盗難証明書を出してもらうためには when（いつ）、where（どこで）、how（どのような）被害にあったのかを説明できなければなりません。また、クレジットカードを盗難された場合は直ちにクレジットカード会社に連絡して無効にしてもらいましょう。クレジットカードの番号と連絡先は必ずメモしておきましょう。

95

▶▶ **I probably had my wallet pickpocketed on the train.**

🟢「have ＋財布＋ pickpocketed」は「財布をすられる」です。

▶▶ **I purchased the train ticket at Cosmo Station.**

🟢「購入する」は purchase です。

▶▶ **When I got off at Spring Station, I couldn't find my wallet.**

🟢 wallet は「財布」です。

▶▶ **OK. Please fill in this form.**

🟢 fill in ～は「～に記入する」です。

▶▶ **My bag was snatched by a large woman in the ACE shopping mall.**

🟢「ひったくられる」は be snatched です。

▶▶ **What was in your bag?**

🟢 What's in it?（中に何がありますか）の応用形です。

▶▶ **My credit card and wallet. I canceled the credit card right away.**

🟢「無効にする」は cancel です。

薬局①
〜○○に効く薬はある?〜

下痢の薬がほしい		
□ □	下痢によく効く薬はありますか?	▶ Do you have 〜?

□ □	どれくらい下痢が続いていますか?	▶ How long 〜?

□ □	2日続いています。食欲がありません。	▶ I've had 〜.

薬は服用していない		
□ □	他の薬を服用されていますか?	▶ Are you taking 〜?

□ □	いいえ。何も服用していません。慢性病もないです。	▶ No. I'm 〜.

薬の服用方法		
□ □	毎食後にこの錠剤を飲んでください。	▶ I recommend 〜.

□ □	症状が良くならないようなら、病院に行ってください。	▶ If the symptoms 〜.

✍ 旅行英会話の**カギ**

96

▶▶ ## Do you have any good medicine for diarrhea?

😀 「下痢」は diarrhea、the runs、loose bowels とも言います。

▶▶ ## How long have you had the runs?

😀 When did it start? と聞かれることもあります。

▶▶ ## I've had diarrhea for two days. I have no appetite.

😀 「食欲」は appetite です。

▶▶ ## Are you taking any other medicines?

😀 take medicine は「薬を服用する」。

▶▶ ## No. I'm not taking any medication. I don't have a chronic disease, either.

😀 「慢性病」は chronic disease です。

▶▶ ## I recommend you take these tablets after every meal.

😀 「錠剤」は tablet です。

▶▶ ## If the symptoms don't get better, please go to see a doctor.

😀 具体的には If your diarrhea doesn't stop（下痢が止まらないなら）。

第**7**章 トラブル編

211

薬局②
~けがをしました~

傷に効く薬がほしい

□
□
膝を擦りむきました。よく効く薬はありますか？

▶ I scraped ~.

□
□
お気の毒に。この軟膏がよく効きますよ。

▶ That's too ~.

頭痛薬がほしい

□
□
頭痛に効く薬はありませんか？

▶ Do you have ~?

□
□
アレルギー反応の出る薬はありますか？

▶ Are you ~?

□
□
どの薬にもアレルギー反応は出ません。
私は牛乳アレルギーですが。

▶ I'm not allergic ~.

鎮痛剤の服用方法は?

□
□
この鎮痛剤をお勧めします。痛みがある時に
1カプセルずつ飲んでください。

▶ I recommend ~.

□
□
この鎮痛剤をどれくらいの間隔で
服用すればいいですか？

▶ How often ~?

旅行英会話のカギ

薬の服用回数は大切なので How often should I take this medicine?（この薬をどれくらいの間隔で服用すればいいですか？）を身に付けましょう。I don't have any chronic diseases.（慢性病はないです）と I'm not allergic to any medication.（どの薬にもアレルギー反応は出ません）も言えるようになりましょう。

97

I scraped my knees. Do you have anything good for it?

「擦りむく」は scrape、「ひざ」は knee です。

That's too bad. This ointment works well.

「軟膏」は ointment、「効く」は work です。

Do you have any good medicine for headaches?

〜 ache の名詞を入れ換えて応用可。stomachache、backache、toothache など。

Are you allergic to any medicines?

be allergic to 〜は「〜にアレルギー反応が出る」を意味します。

I'm not allergic to any medicines. I'm allergic to milk, though.

milk の l は上の歯の下に舌を付けつつ、「ミゥク」がネイティブ発音。

I recommend this painkiller. Take one capsule when you feel any pain.

「鎮痛剤」は painkiller です。

How often should I take this painkiller?

頻度を聞く「How often ＋疑問文の語順？」を身に付けましょう。

第**7**章 トラブル編

繰り返し学習Check! ▶ 1 2 3 4 5 □□□□□

| 風邪で喉が痛い | □□ | どうしましたか？ | ≋👄 |
| | | ▶ What brings 〜? |

| | □□ 👄≋ | 風邪をひいているみたいなのです。喉が痛いです。 | |
| | | ▶ I seem to 〜. |

| | □□ | 口を開けてください。あなたの扁桃腺は少し腫れていますね。 | ≋👄 |
| | | ▶ Open 〜. |

| 微熱がある | □□ | 体温を測らせてください。37度2分ですね。 | ≋👄 |
| | | ▶ Let me take 〜. |

| | □□ | ちょっと微熱がありますが、症状は重くはないですよ。 | ≋👄 |
| | | ▶ You're 〜. |

| 鼻水や咳が出る・だるい | □□ 👄≋ | 鼻水も出ますし、咳も少し出ます。 | |
| | | ▶ I have 〜. |

| | □□ 👄≋ | 体もだるいです。 | |
| | | ▶ I feel 〜. |

214

旅行英会話の**カギ**

　動詞 have と feel を使えば症状が説明できます。P. 218 でも勉強します。have ＋病名が一番便利です。I have a headache.（頭痛がします）、I have a toothache.（歯が痛いです）。ボディランゲージも使って症状の説明をしましょう。

98

What brings you here?
🔵 What seems to be the problem? と同様のお決まりフレーズ。

I seem to have a cold. I have a sore throat.
🔵 sore は「痛い」、throat は「喉」です。

Open your mouth. Your tonsils are a little bit swollen.
🔵「扁桃腺」は tonsils、「腫れている」は swollen です。

Let me take your temperature. It's 37.2 degrees.
🔵 take one's temperature は「体温を測る」。

You're a little feverish, but your case isn't serious.
🔵「少し熱っぽい」は a little feverish、「（症状が）重い」は serious です。

I have a runny nose and I'm coughing a little.
🔵 runny nose は「鼻水の垂れている鼻」。

I feel sluggish, too.
🔵「だるい」は sluggish です。

病院②

～診断書もらえますか？～

旅行を続けてもいい？	私はあなたが日本からの長いフライトで疲れていると思います。
	▶ I think ～.

	旅行を続けることは可能でしょうか？
	▶ Is it possible ～?

	もちろんです。1日だけでいいからベッドで寝て休養しなさい。
	▶ I advise you ～.

胃が弱い	ところで、何か慢性の病気をお持ちですか？
	▶ do you have ～?

	いいえ、だけど胃が弱いです。
	▶ but I have ～.

保険のために診断書がほしい	薬の処方箋を書きましたよ。これを薬局に持って行ってください。
	▶ I've prescribed ～.

	保険のための診断書をもらえますか？
	▶ Can I have ～?

✍ 旅行英会話のカギ

海外の病院ではパスポートと海外保険の証明書を提示しなければなりません。medical certificate（診断書）を忘れずにもらいましょう。

99

▶▶ **I think you are tired after the long flight from Japan.**

😊 「疲れている」は be tired です。

▶▶ **Is it possible for me to continue my trip?**

😊 「続ける」は continue です。

▶▶ **Of course, but I advise you to rest in bed for just one day.**

😊 「休養する」は rest です。

▶▶ **By the way, do you have any chronic diseases?**

😊 「慢性の病気」は chronic disease です。

▶▶ **No, but I have a weak stomach.**

😊 weak stomach は「弱った胃」です。

▶▶ **I've prescribed some medicine for you. Please take this to the pharmacy.**

😊 prescribe medicine は「薬の処方箋を書く」です。

▶▶ **Can I have a medical certificate for my insurance?**

😊 「診断書」は medical certificate、「保険」は insurance です。

第**7**章 トラブル編

繰り返し学習 Check! ▶ 1 2 3 4 5 □□□□□

処方箋を
調合して
ほしい

この処方箋を調合してくださいますか？

▶ Could you ～?

はい。処方薬は20分でご用意できます。

▶ Your prescription ～.

服用は
初めて

この薬を以前服用したことがありますか？

▶ Have you taken ～?

いいえ。この薬を服用するのは初めてです。

▶ This is the first ～.

食後に1錠と粉薬1袋を服用してください。

▶ Please take ～.

薬に
副作用
は？

この薬には副作用がありますか？

▶ Does this medicine ～?

眠くなるかもしれませんし、
少し胃が痛くなるかもしれません。

▶ You may feel ～.

旅行英会話の**カギ**

　病院で医師にprescribe medication（処方箋を書く）をしてもらい、それから薬局で調剤してもらいます。Could you fill this prescription for me?（この処方箋を調合してくださいますか？）を身に付けましょう。

100

Could you **fill this prescription for me?**

😊 「処方箋を調合する」は fill a prescription です。

OK. **Your prescription will be ready in 20 minutes.**

😊 prescription は「処方薬」、be ready は「準備できる」。

Have you taken **this medicine before?**

😊 Have you は「ハヴィユー」と発音。

No. This is the first **time for me to take this medicine.**

😊 [t + t] は前の t が脱落します。first time =「ファースタイム」です。

Please take **one tablet and a dose of powdered medicine after every meal.**

😊 「粉薬」は powdered medicine です。

Does this medicine **have any side effects?**

😊 「副作用」は side effect です。

You may feel **drowsy and have a slight stomachache.**

😊 feel drowsy は「眠くなる」を意味する。

第**7**章　トラブル編

219

症状を伝える	どんな症状ですか？
	▶ What are ～?

胸がむかつくし、めまいがしますし、熱っぽいです。

▶ I feel ～.

吐きそうです。

▶ I feel like ～.

耳鳴りがします。

▶ I have ～.

鼻が詰まっています。

▶ I have ～.

ここがズキズキ痛みます。

▶ I have ～.

急性盲腸炎になってきているかもしれません。

▶ I may ～.

✍ 旅行英会話の**カギ**

病気の症状を説明するには、まず I have ～ . I feel ～ .をマスターしましょう。なかなか単語が出て来ない場合は I have a pain here. (ここが痛いです) と指で押さえることによって症状を伝えることができます。

101

What are your symptoms?
🔵「症状」は symptom です。

I feel nauseous, dizzy, and feverish.
🔵「むかつく」は nauseous =「ノーシャス」。

I feel like throwing up.
🔵 feel like ～ ing は「～しそうです」。

I have a ringing in my ears.
🔵「耳鳴り」は ringing in one's ears です。

I have a stuffy nose.
🔵 stuffy は「息苦しい」、stuffy nose は「鼻づまり」です。

I have a throbbing pain here.
🔵「ズキズキ」は throbbing です。

I may be getting acute appendicitis.
🔵 acute は「急性の」、「盲腸炎」は appendicitis です。

UNIT 91 症状 (外科)

繰り返し学習 Check! ▶ 1 2 3 4 5 □□□□□

**骨折
したかも**

転びました。足を骨折したと思います。

▶ I fell ~.

レントゲンを撮りましょう。

▶ Let me ~.

**捻挫·
出血**

転んで捻挫しました。

▶ I fell down ~.

肘も打ちました。

▶ I hit ~.

まだ血が出ています。

▶ It's still ~.

包帯を巻いて血を止めましょう。

▶ I'll stop ~.

足に豆ができています。

▶ I have ~.

✍ 旅行英会話の**カギ**

海外で骨折したときは現地の病院で治療を受けましょう。「骨折」は broken bone、または fracture と言います。やや大きな骨折の場合は骨折してから3日以内は、飛行機の搭乗はやめましょう。気圧が上がるので血管を詰まらせ、脂肪血栓を起こす可能性があります。

■))
102

I fell down. I think I broke my leg.
😊 fall down は「転ぶ」です。

Let me take an X-ray.
😊 take an X-ray は「レントゲンを撮る」です。

I fell down and sprained my ankle.
😊 sprain one's ankle は「捻挫する」を意味します。

I hit my elbow too.
😊 hit one's elbow は「肘を打つ」を意味します。

It's still bleeding.
😊 bleed は「血が出る」。

I'll stop the bleeding with a bandage.
😊 「包帯を巻いて」は with a bandage です。

I have blisters on my feet.
😊 blister は「豆、水ぶくれ」です。

トラブルの単語

緊急事態

助けて！	Help!
緊急事態です。	It's an emergency.
救急車を呼んで！	Call the ambulance!
応急処置をお願いします。	First aid, please.
警察を呼んで！	Call the police!
盗難を報告する	report a theft
日本大使館	Japanese embassy

体の症状

高血圧	high blood pressure	肺炎	pneumonia
低血圧	low blood pressure	糖尿病	diabetes
妊娠している	pregnant	貧血	anemia
二日酔い	hangover	火傷	burn
食中毒	food poisoning	打撲	bruise
喘息	asthma	怪我	injury
盲腸炎	appendicitis	吐く	vomit / throw up
胃腸炎	stomach infection		

その他

血液型	blood type
点滴	IV drip
手術	operation
注射	injection / shot

🔄 I feel 〜. 〜の気がする。

気分が悪い	nauseous
めまいがする	dizzy
熱がある	feverish
寒気がする	chilly

🔄 I have a 〜. 〜がある。

頭痛	headache
腹痛	stomachache
腰痛	backache
歯痛	toothache
喉の痛み	sore throat

🔄 単語を入れ換えて使えます。

第**8**章

ホームステイ＆
スモールトーク編

ビジネス出張やホームステイでも使える
会話をはずませるために使う
ちょっとしたフレーズが見つかります。
旅行にミニホームステイをプラスしたツアーが増えています。
そこでホームステイに必要な基本フレーズも
掲載しました。
ビジネス出張でもお家に招待されることが増えましたね。
パーティーや雑談でも必要なフレーズが身に付きます。

UNIT 92 空港での出迎え

繰り返し学習Check! ▶ 1 2 3 4 5 □□□□□

初対面の挨拶

こんにちは、今川弥生さんですね。

▶ you must be 〜.

はい。Nancy Smith さんですか？

▶ Are you 〜?

はい。初めまして。
あなたのホストマザーです。

▶ nice to 〜.

初めまして。お迎えありがとうございます。

▶ Thank you 〜.

サンフランシスコへ　ようこそ。
車で家にお連れしますね。

▶ Welcome to 〜.

フライトは?

フライトはいかがでしたか？

▶ How was 〜?

フライトは良かったですが、まだ時差ぼけしています。

▶ It was 〜.

✍ 旅行英会話の**カギ**

103

Hi, you must be Yayoi Imagawa.

😊 must + be 動詞 は「違いない」です。

Yes, I am. Are you Nancy Smith?

😊 Are you 〜?の〜は入れ替え自由自在で上り調子で元気よく。

Yes, nice to meet you. I'm your host mother.

😊 meet you =「ミーチュ」と発音。Glad to meet you は丁寧な表現。

Nice to meet you, too. Thank you very much for picking me up.

😊 pick +人+ up は「人を迎えに来る」。

Welcome to San Francisco. I'll drive you to our house.

😊 drive +目的語+ to〜 は「人を〜へ車で送る」。

How was your flight?

😊 your flight の代わりに your school, your business など入れ替え可。

It was a good flight, but I still have jet lag.

😊 jet lag は「時差ぼけ」で不可算名詞。

UNIT 93 家に到着
~荷物のおき場所・部屋に案内・
Wi-Fi のパスワード~

繰り返し学習Check! ▶ □□□□□
1 2 3 4 5

家に到着	着きました。ここが私の家です。 ▶ Here we ~.
	なんてきれいなお家なのでしょう。 ▶ What a beautiful ~!
部屋に 案内と 荷物	荷物はどこに置けばよろしいですか? ▶ Where can I ~.
	あなたのお部屋にどうぞ。 お部屋へ案内しましょう。 ▶ I'll show you ~.
	なんて素敵なお部屋でしょう。 それに広々としていますね! ▶ It's ~.
Wi-Fiの パスワー ドは?	Wi-Fiのパスワードは? ▶ What is ~?
	この紙に Wi-Fiのパスワードを書いています。 ▶ Here is ~.

✍ 旅行英会話の**カギ**

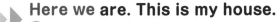

ホストファミリーの家に到着したら感動してほめることWhat＋ a＋
形容詞＋名詞！　や荷物の置き場所などを尋ねるWhere can I leave
～？（どこに～を置けますか？）の～に名詞を入れ替えれます。
What's the Wi-Fi password?も移動先で必要な表現です。

🔊
104

▶▶ ## Here we are. This is my house.
😊 「着きました」は Here we are.

▶▶ ## What a beautiful house!
😊 What a 形容詞＋名詞！を応用できるように。

▶▶ ## Where can I leave my baggage?
😊 baggage の代わりに dryer, shampoo などを入れ替え自由自在。

▶▶ ## In your room. I'll show you to your room.
😊 show ＋人＋ to ＋ 場所～ で入れ替え自由自在。

▶▶ ## What a lovely room! It's spacious, too.
😊 「広々している」は spacious で space の形容詞形です。

▶▶ ## What is your Wi-Fi password?
😊 What is ＋ your ＋ 名詞？は応用可。 例 What is your hobby?

▶▶ ## Here is the Wi-Fi password on this piece of paper.
😊 アドレス、ナンバー、パスワードは書いてもらうのが一番です。

家のルール
～帰宅時間・食事等の時間～

繰り返し学習Check! ▶ □□□□□
1 2 3 4 5

家の ルール	□ □	家のルールについて 教えていただけませんか？

▶ Could you ～?

□
□ 夕食が不要な時は事前に伝えてくださいね。

▶ When you don't ～.

□
□ 何時にいつもは夕食を食べますか？

▶ What time ～?

帰宅時間
制限は？ □
□ 何時までに帰宅しなければなりませんか？

▶ What time ～ by?

□
□ 門限時間は11時です。

▶ Our curfew ～.

許可を
求める □
□ 洗濯機を使っても良いですか？

▶ May I ～?

□
□ いいですよ。洗濯機の使い方を教えましょう。

▶ I'll show you ～.

✍ 旅行英会話の**カギ**

共同生活をするうえで必ずルールの確認、特に時間の確認は必要。また May I 〜？　で許可を求めることも大切です。トイレを使いたい時はアメリカ英語では May I use your bathroom? イギリス英語では May I use your toilet? と言いましょう。

🔊
105

▶▶ **Could you tell me about your house rules?**
　 ❸ Could you tell me about 〜? の〜は入れ替え自由自在。

▶▶ **When you don't need dinner, please tell me beforehand.**
　 ❸ beforehand は「前もって」を意味する。

▶▶ **What time do you usually have dinner?**
　 ❸ dinner を breakfast に入れ替え応用可能。

▶▶ **What time do I have to get home by?**
　 ❸ get home の代わりに take a shower など入れ替え可能。

▶▶ **Our curfew is at 11.**
　 ❸ When is your curfew?「門限は何時ですか？」も覚えよう。

▶▶ **May I use your washing machine?**
　 ❸ washing machine を refrigerator、microwave oven に入れ替え自由自在。

▶▶ **OK. I'll show you how to use it.**
　 ❸ show は「実際に動作で教える」。

第**8**章　ホームステイ&スモールトーク編

231

お土産・食べ物・共通点

繰り返し学習Check! ▶ 1 2 3 4 5 □□□□□

お土産です		日本からのお土産です
		▶ Here is a ~.

		ありがとう！ 開けてもいいですか？
		▶ May I ~?

		どうぞ。この日本の扇子を気に入ってくださると良いのですが。
		▶ Go ~.

食事の好き嫌い		食事の好き嫌いはありますか？
		▶ Do you have ~?

		私は牛乳にアレルギー反応を起こします。私は肉が大好きです。
		▶ I'm allergic to ~.

共通点がある		私の趣味は読書と旅行です
		▶ My hobbies are ~.

		私も旅行が好きです。たくさん共通点がありそうです。
		▶ We seem to ~.

✒️ 旅行英会話の**カギ**

プレゼントを貰ったときは英語圏の人も May I open it? と許可を求めます。I hope ＋主語＋動詞～「私は主語が～することを希望します」は応用可能です。例：I hope you pass the test.（あなたが試験に合格することを望みます）。食べ物の好き嫌いを告げることも大切。共通点を見つけて信頼関係を深めましょう。

🔊
106

▶▶ ## Here is a gift from Japan.
　🔵 This is ～ よりも物を手渡すときは適切な表現。

▶▶ ## Thanks! May I open it?
　🔵 発音は「メイヤイオープニッ (ト)」です。

▶▶ ## Go ahead! I hope you like this Japanese folding fan.
　🔵 「どうぞ」は Go ahead です。Please は頼みごとをしているように聞こえるので、この場合は不適切です。

▶▶ ## Do you have any food likes and dislikes?
　🔵 likes and dislikes の代わりに「preferences」の入れ替え可能。

▶▶ ## I'm allergic to milk. I really like beef.
　🔵 be allergic to は「～に対してアレルギー反応を起こす」です。

▶▶ ## My hobbies are reading books and traveling.
　🔵 traveling の v の発音は下唇をかみ発音。trouble にならないように注意。

▶▶ ## I like traveling too. We seem to have a lot in common.
　🔵 have a lot in common は「多くの共通点を持つ」。

パーティーへの
招待

繰り返し学習Check! ▶ ¹□ ²□ ³□ ⁴□ ⁵□

| パーティーを
ありがとう | パーティーを開いてくれてありがとう。
▶ Thank you ~. |

どういたしまして。
どうぞパーティーを楽しんでください。
▶ You're ~.

乾杯!　皆さん、乾杯しましょう。
▶ Attention, ~!

どうぞ、よろしく乾杯！
▶ To our ~!

料理を
ほめる　好きな物をとってお食べください。
▶ Please help ~.

あなたはお料理がお得意ですね。
レシピを教えてください。
▶ You're ~!

いいですよ。
母から料理の方法を学びました。
▶ I learned ~.

✍ 旅行英会話の**カギ**

ホームステイでもビジネス出張でも英語圏ではパーティーに出席することが多いです、
お礼の表現や、乾杯の表現、ほめ方などを身につけましょう。ホームパーティーではYou're a good cook.と感謝の気持ちをこめてほめましょう。

🔊 107

▶▶ **Thank you very much for holding a party for me.**

🔵 inviting me to a party「パーティーに招待してくれて」などに応用可能。

▶▶ **You're welcome. Please enjoy this party.**

🔵 You're welcome はお礼を言われた時に返す万能表現。

▶▶ **Attention, everyone! Let's make a toast.**

🔵 make a toast は「乾杯する」。

▶▶ **To our friendship! Cheers!**

🔵 To 以下は応用可能　例 To your health! Cheers!（あなたの健康を祈り乾杯）。

▶▶ **Please help yourself to food.**

🔵 help yourself to ～ の～は the cookies や wine など入れ替え可能。

▶▶ **You're a good cook! Please teach me your recipe.**

🔵 teach「伝授する」です。

▶▶ **OK. I learned cooking recipes from my mom.**

🔵「A から B を学ぶ」は learn B from A です。

UNIT 97 家族の話と毎日の生活

繰り返し学習Check! ▶ □ □ □ □ □
　　　　　　　　　　　　　　　　1　2　3　4　5

家族について

□
□ 家族は何人ですか？

▶ How many ～?

□
□ 4人です。
私の家族の写真を見せさせてください。

▶ Let me show you ～.

一日の感想は?

□
□ ただいま。

▶ I'm ～.

□
□ お帰りなさい。今日はどんな日でしたか？

▶ How was ～?

□
□ 良かったですよ。

▶ It was ～.

お願いする

□
□ 郵便局に連れて行ってくれますか？

▶ Could you ～?

□
□ いいですよ。3時に行くのはどうですか？

▶ Why don't we ～?

旅行英会話の**カギ**

家族の人数や所持品の数は良く質問されます。How many＋複数名詞＋疑問文の語順？ を身につけましょう。また一日の感想を聞かれた時、It was good,because 〜 . など理由も言えるようになりましょう。

🔊 108

How many people are there in your family ?

💬 How many ＋名詞＋疑問文の語順？で自由自在。 例 How many brothers do you have?

Four. Let me show you some pictures of my family.

💬 Let me ＋動詞〜 . は「私に〜させてください」で比較的丁寧な表現。

I'm home.

💬 I'm back. でも OK です。

Welcome home. How was your day?

💬 Welcome back. でも OK です。

It was good because I made some new friends. How about you?

💬 It was good の次に理由を入れ、相手に対しても How about you? で聞く。

Could you take me to a post office?

💬 take ＋人＋ to ＋場所は「人を場所に連れて行く」です。

OK. Why don't we go to the post office at 3 pm.?

💬 Why don't we ＋動詞〜？のお誘いフレーズ。

滞在中の感謝の気持ちを述べる

繰り返し学習Check! ▶ 1 2 3 4 5 □□□□□

感謝する □□

町を案内してくださって
ありがとうございます。

▶ Thank you for ~.

□□

あなたのお家に滞在中のおもてなしに
感謝いたします。

▶ I appreciate ~.

**連絡を
取り合う** □□

これからも連絡を取り合いましょう。

▶ Let's keep ~.

□□

ぜひお願いします。写真をFacebookに
アップしても良いですか？

▶ Can I ~?

**日本にも
お越し
ください** □□

あなたの日本へのご訪問を
楽しみにしています。

▶ I'm looking ~.

□□

空港までのお見送りありがとうございます。

▶ Thank you for ~.

□□

ご家族の皆さんによろしくお伝えください。

▶ Please give ~.

✍ 旅行英会話の**カギ**

Thank you very much for ＋ ～ing、または名詞の形や、Please give my best regards to ～（～さんによろしくお伝えください）の～は幅広く応用できます。

109

▶▶ **Thank you for showing me around the town.**

😊「人に場所～を案内する」show ＋人＋ around ＋場所～です。

▶▶ **I appreciate your hospitality during my stay in your home.**

😊「おもてなし」は hospitality です。

▶▶ **Let's keep in touch with each other.**

😊「連絡を取り合う」は、keep in touch with です。

▶▶ **I'd love to. Can I upload the photos to my Facebook?**

😊「アップする」は upload です。

▶▶ **I'm looking forward to your visit to Japan.**

😊 look forward to ～ing は「～を楽しみにする」です。

▶▶ **Thank you for seeing me off at the airport.**

😊 see ＋人＋ off は「人を見送る」です。

▶▶ **Please give my best regards to your family.**

😊 your family は your mother, your father, Mr. ～, Ms. ～などに応用可能。

●著者紹介

柴山かつの　Shibayama Katsuno

日米英語学院梅田校講師。元京都産業大学非常勤講師。多くの企業、大学のエクステンションコースなどでも TOEIC®、英検®、ビジネス英語、日本文化の講師を務めた経験を持つ。英検1級、通訳案内士資格保持。著書に『すぐに使える接客英会話大特訓』（Jリサーチ出版）『英語の WEB 会議直前3時間の技術』『英語の会議直前5時間の技術』（以上、アルク）『あなたも通訳ガイドです英語で案内する京都』（ジャパンタイムズ出版）など多数。

●英文校閲者

Paul Dorey

セント・アンドリュース大学中世史学部修士課程卒業。TEFL 資格取得。ケンブリッジ大学検定協会現代語学口頭試問・EFL 部門にて勤務の後、日米英語学院にて勤務、現在英国在住。

本書へのご意見・ご感想は下記 URL までお寄せください。
https://www.jresearch.co.jp/contact/

カバーデザイン	中村聡（Nakamura Book Design）
カバー・本文イラスト	福田哲史
DTP	株式会社 Sun Fuerza
英文校正	Paul Dorey
音声録音・編集	一般財団法人 英語教育協議会 (ELEC)

世界中使える
瞬時に話せる旅行英会話大特訓

令和6年（2024年）5月10日　初版第1刷発行
令和6年（2024年）6月10日　　　第2刷発行

著　者　柴山かつの
発行人　福田富与
発行所　有限会社 Jリサーチ出版

　　　　〒166-0002 東京都杉並区高円寺北 2-29-14-705
　　　　電　話 03(6808)8801(代)　FAX 03(5364)5310
　　　　編集部 03(6808)8806
　　　　https://www.jresearch.co.jp

印刷所　(株)シナノ パブリッシング プレス

ISBN978-4-86392-615-8　禁無断転載。なお、乱丁・落丁はお取り替えいたします。